유네스코 세계기록유산이 된
국채보상운동

김지욱, 정우석 공저

발간사

　국채보상운동기록물은 동아시아 근대의 형성과정에서 발현된 국민적 책임의식, 평화 사상의 전개 과정을 담고 있는 기록물로, 전 세계적으로 중요한 의미를 가지고 있는 역사적 사료입니다. 이 기록물을 통해 우리는 과거 조상들이 요원의 불길처럼 들고 일어나 일제의 경제적 침략에 적극적으로 맞서는 한편, 국민적 연대와 책임의식에 기초한 시민 연대를 통해 채무자의 책임을 다함으로써 국난을 극복하고자 노력했음을 확인할 수 있습니다. 이렇게 국채보상운동기록물에 내재된 이러한 나눔과 책임 정신은 유네스코를 통해 대대손손 이어나가야 할 인류 보편의 정신으로 확인받았습니다.

　2017년 10월, 국채보상운동기록물 2,475건을 유네스코 세계기록유산으로 등재한 쾌거 이후, (사)국채보상운동기념사업회는 다양한 학술, 교육, 세계화 사업을 지속적으로 추진하며 국채보상운동 정신을 세계만방에 널리 알리기 위한 다양한 노력을 기울여왔습니다. 특히 장기간에 걸친 코로나-19 사태로 인해 우리 국민들의 마음 속에 타인에 대한 불안감과 걱정이 싹트고 있는 요즘, 이를 극복하는 한줄기 희망의 등불이 되는 것이 바로 과거 120여년 전, 국채보상운동에서 나타난 우리 조상들의 나눔과 책임 정신이라 할 수 있습니다. 우리는 이를 계승하여 모두가 하나된 국민으로서 연대와 소통의 마음을 이어나가야 한다고 생각합니다.

　전국 각지의 청소년들에게 국채보상운동의 나눔과 책임 정신을 쉬이 알리기 위한 목적에서 집필한 이 책이 향후 미래세대의 국채보상운동 연구에 있어 중요한 가교 역할을 담당해주기를 희망합니다.

앞으로 본서를 접한 많은 청소년 독자 여러분께서 이 책을 통해 국채보상운동에 대하여 보다 더 잘 이해할 수 있게 되기를 희망합니다. 또한 이를 기반으로 국민의 한 사람으로서의 자긍심을 높이고, 새로운 미래를 설계하며, 100여 년을 이어온 민족의 시대정신인 '나눔과 책임'을 실천하는 계기가 되기를 바랍니다. 그리고 본서를 통해 국채보상운동의 나눔과 책임 정신을 한국을 넘어 전 인류가 대대손손 전할 세계적인 문화유산으로 발전시킬 방안이 지속적으로 제기되어 우리 민족이 다시금 하나 되어 미래를 향해 힘차게 도약해나가길 기원합니다.

마지막으로 본서를 집필하는 데 지원과 격려를 아끼지 않은 (사)국채보상운동기념사업회 신동학 상임대표님과 관계자 여러분께 진심으로 감사의 말씀을 드립니다. 많은 청소년 여러분들이 이 책을 읽은 후 국채보상운동의 역사적 의미에 대해 깊이 음미하고 앞으로 우리가 할 수 있는 일이 무엇인지 생각해보는 심사숙고의 기회를 얻으시길 바랍니다.

감사합니다.

2022.05.

(사)국채보상운동기념사업회 전문위원 김지욱, 학예사 정우석 올림

일러두기

1. 본서는 국채보상운동연구총서 제24권으로, 2021년 국채보상운동기록물 유네스코 세계기록 유산 등재 4주년을 맞이하여 대구 시민의 정신을 현대적으로 재해석하고 세계화하기 위한 목적으로 (사)국채보상운동기념사업회의 김지욱 전문위원이 중심이 되어 그동안의 연구 성과를 집약한 것이다.

2. 본서는 국채보상운동사 연구 및 서술에 있어 구한말 일제의 경제적 침략에 맞서 전국적으로 요원의 불길처럼 일어났던 국채보상운동의 전문적인 연구 성과를 창출하고자 당시의 사회적 배경 및 국채보상운동 전개 과정 및 성과, 마지막으로 유네스코 세계기록유산으로 등재되기까지의 전 내용을 9개의 파트와 하나의 부록으로 엮어 본문을 구성하였다.

3. 본서에 수록된 자료들은 독자의 국채보상운동 이해를 돕기 위해 단순 인용한 것으로, 각 자료의 저작권 및 저작인격권은 본문에 명기된 소장처에서 소유하고 있다. 또한 본문에 수록된 국채보상운동 관련 일러스트는 Producing LEE JAE WOONG, Drawing AN CHUL JIN의 작품임을 명시한다.

4. 본문에 수록된 사진 및 그림 자료는 최대한 원형 그대로의 모습으로 영인하여 수록하되, 편집의 편의성을 위해 확대 또는 축소하기도 하였다.

목차

제1장	국채보상운동, 유네스코 세계기록유산이 되다	9
제2장	국채보상운동의 시대적 배경	17
제3장	국채보상운동의 시작과 전개	37
제4장	국채보상운동과 여성 참여	55
제5장	청소년들의 국채보상운동	69
제6장	국채보상운동을 주도한 인물들	83
제7장	국채보상운동과 언론의 역할	93
제8장	국채보상운동의 결과와 의미	103
제9장	국채보상운동 정신의 확산	115
부 록	유네스코 세계기록유산이란	125

제1장

국채보상운동,
유네스코 세계기록유산이 되다

☐ 유네스코 세계기록유산이란 무엇일까?

우리는 살아가면서 많은 기록을 남긴다. 이 기록들에는 개인의 기록도 있고, 단체의 기록도 있으며 국가의 기록도 있을 것이다. 그 종류도 다양하고 그 숫자도 많은 이 기록들은 관련된 사람에게는 중요한 기억으로 남게 된다. 이렇게 지구상에 존재하는 수많은 기록들 중 그 가치가 매우 높아 인류가 잘 보존해서 후손에게 전달해야 하는 보물들도 있다. 이런 소중한 보물들을 국제기구인 유네스코가 잘 선별하고 심사에서 세계적인 유산으로 인정하도록 하는 제도가 있는데, 이러한 가치를 가지고 등재된 기록물을 우리는 유네스코 세계기록유산이라고 한다.

현재 대한민국은 모두 16건의 유네스코 세계기록유산을 보유하고 있는데, 이중 한 건이 바로 이 책에서 이야기하고자 하는 국채보상운동기록물이다.

1907년 2월 21일 대구 서문시장 북후정에서
국채보상운동을 최초 발의하는 장면을 묘사한 일러스트

□ 국채보상운동이란 무엇인가?

지금부터 100여 년 전인 20세기 초 미국, 영국, 프랑스, 독일, 러시아, 일본 등 세계의 강대국들이 힘없는 나라들을 점점 지배해 가는 과정에 있었다. 그때에는 우리나라도 매우 힘이 약했던 터라 위와 같은 나라들에 침공당하는 어려운 형편에 있었다. 특히 그중에서 이웃나라 일본이 우리나라를 경제적으로 침탈하려는 욕심을 가지고 있었다. 그 방법은 우리가 원하지도 않은 자기 나라의 돈을 마음대로 가지고 와서는 우리에게 빚을 지우게 하는 것이었다. 그리고는 그 빚을 핑계로 우리나라가 꼼짝하지 못하게 하고, 결국에는 일본의 지배 아래에 두고자 했던 것이다. 이를 우리는 식민지화 리 부른다. 이러한 일본의 야심을 미리 파악한 우리 국민들은 그 빚을 빨리 갚아버리고 일본의 지배권으로부터 벗어나고자 하였다. 이렇게 시작된 것이 '나랏빚 갚기 운동'이고 다른 말로 '국채보상운동'인 것이다. 여기서 '국채'란 나랏빚을 뜻하고 '보상'은 갚는다는 뜻이다. 이 돈을 모으는 방법으로 남자들은 술과 담배를 끊고, 여자들은 먹을거리를 절약하고 금·은·보석을 팔아 돈을 모았던 것이다.

☐ 국채보상운동기록물이란 무엇인가?

1907년에 시작된 나랏빚 갚기 운동은 수많은 기록물들을 남기게 되었는데, 이를 우리는 국채보상운동기록물이라고 한다. 시간이 지날수록 국채보상운동의 역사적 중요성이 더욱 드러나게 됨에 따라 이 의미 있는 운동을 널리 홍보하고자 하는 사람들이 모여 사단법인 국채보상운동기념사업회라는 단체를 만들었다. 그리고 이 단체는 관련된 모든 기록물들을 찾아서 정리·분석·연구한 뒤 해당 기록물을 유네스코에 세계기록유산으로 신청을 하였고, 그 결과 드디어 2017년에 유네스코 세계기록유산으로 등재가 되는 성과를 거두었다. 유네스코 세계기록유산으로 등재가 되었다는 뜻은 전 세계인을 대표하는 문화유산이 될 만큼 그 가치를 인정받았다는 뜻이다. 따라서 유네스코 심사위원들의 엄격한 심사를 거쳐 등재된 국채보상운동기록물 2,475건은 1907년부터 1910년까지 일제로부터 경제적 독립을 꿈꾸던 우리 선조들의 애국정신과 활동 모습을 생생히 보여주는 소중한 자료라고 할 수 있다.

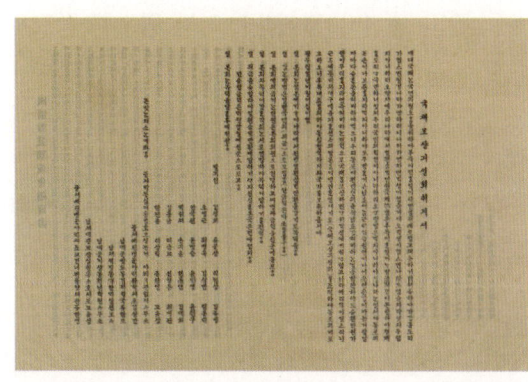

국채보상기성회 취지서

본 기록물의 내용을 구체적으로 살펴보면 첫째, 국채보상운동의 시작과 참여를 알려주는 기록물이 있다. 여기에는 당시 전 국민에게 국채보상운동 참여를 호소하기 위해 국채보상운동을 시작하게 된 배경과 목적, 참여 방법, 제안한 사람 이름 등이 자세히 수록되어 있으며, 그 수량은 모두 12건에 이른다. 이러한 기록물은 한국의 전통 종이인 한지에 한문 혹은 한글 혼용체의 붓글씨로 기록되어 있으며, 내용은 대체로 '국민 된 책임으로 금연 등의 기부운동을 통해 국채 1,300만 원을 갚아서 나라의 위기를 구하자'라는 내용이다.

국채보상운동 회문(내외부면)

둘째, 국채보상운동이 확산되는 과정에 대해 기록한 문건이다. 모두 손으로 직접 쓴 수기자료들로, 각 지역 간에 주고받은 편지, 공문서, 모임의 규칙, 임명장, 기부자 명단, 기부 영수증 등으로 구성되어 있다. 기록물의 수는 모두 77건이다.

셋째, 국채보상운동과 관련된 일제의 기록물들이다. 당시 한국을 정치적·경제적으로 예속하고자 설치된 통치기구인 일제통감부와 조선총독부에서 제작한 기록물들로 구성되어 있는데, 그 수량이 총 122건에 이른다.

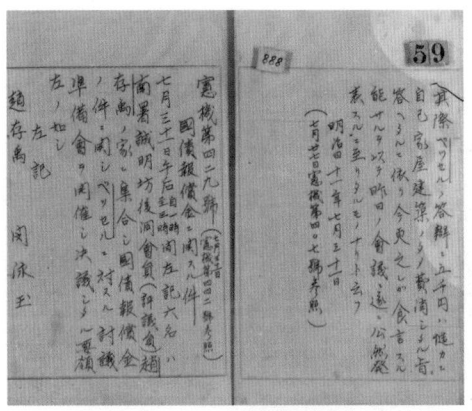

통감부 문서(국채보상금에 관한 건)
(소장처: 국사편찬위원회)

그 내용은 주로 통감부 및 조선총독부가 국채보상운동의 움직임을 파악하기 위해 경찰 같은 기관으로부터 주고받은 보고서와 이에 대해 일본 정부의 방침을 하달한 명령서이다. 이 자료들을 통해 일제가 펼친 국채보상운동에 대한 방해 공작의 실상을 파악할 수 있다.

넷째, 국채보상운동 당시의 상황을 국민들에게 전한 신문·잡지와 같은 언론 기록물들이다. 구체적으로는 신문 및 잡지에 발기문, 취지문, 기부자 명단, 논설, 광고 등의 이름으로 실린 기사들이며 총 2,264건이 있다. 예를 들어 1900년대 초반 국내외에서 발행된 『대한매일신보』, 『황성신문』, 『만세보』, 『대한민보』, 『공립신보』, 『경성신보』, 『매일신보』 등 7종의 신문과 『대한자강회월보』, 『대한유학생회학보』, 『서우』 등 3종의 잡지에 수록된 국채보상운동 관련 자료이다. 위 기록물에는 국채보상운동의 전개 과정에서 나타난 각 지역이나 개인의 상황을 기록한 기사, 모금운동 과정에서 일

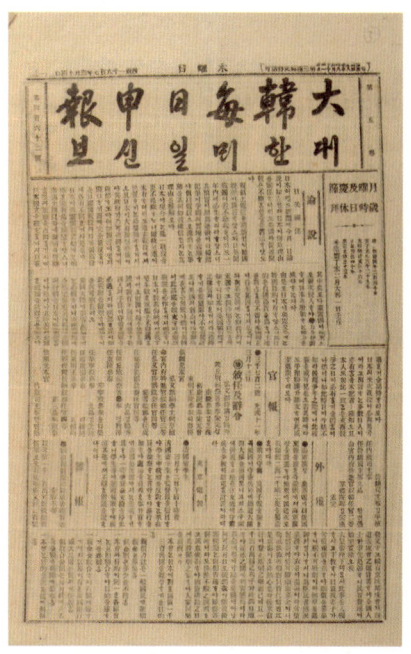

대한매일신보(제462호)
(소장처: 국채보상운동기념사업회)

어난 다양한 사건을 소개한 기사, 성금 참여자와 모금액을 파악할 수 있는 기부자 명단 등 다양한 내용을 담고 있다.

 이렇게 유네스코 세계기록유산에 등재된 국채보상운동기록물은 총 네 분류, 2,475건의 기록 자료로 구성되어 있다.

□ 어떻게 유네스코에 등재되었는가?

국채보상운동기록물 유네스코 세계기록유산 등재를 위한 발대식

　　국채보상운동기록물을 유네스코 세계기록유산으로 등재하려고 처음으로 언급하고 여론화한 것은 약 10여 년 전 일이다. 그 결과 2007년도에 국채보상운동기록물의 현황 파악을 위한 1년여의 연구 끝에 총 5권의 자료집을 발행하게 되었다. 이 자료집에는 국채보상운동과 관련된 2,500여 건의 기록물이 수록되었으며, 이 자료집 덕분에 유네스코 세계기록유산 등재를 추진하기 위한 원동력을 얻는 계기가 되었다.

　　그리고 2015년 이 사업이 본격적으로 시작되면서 6개월에 걸쳐 국채보상운동 자료를 소장하고 있는 전국의 13개 기관과 지속적으로 협의를 하고 의견을 모았다.

다음으로 시작한 것은 이 운동에 대한 시민들의 의견을 모으는 것이었다. 대구뿐만 아니라 전국에 걸쳐 뜻 있는 각계각층의 인사들을 모았고, 그 결과 정치·경제·사회·교육·종교·시민단체 등 모든 분야를 망라해서 추진위원 66명, 자문위원 25명, 고문 60명이라는 대규모의 조직을 만들었다.

이렇게 꾸려진 조직으로 2015년 5월 1일에 대구의 국채보상운동기념공원 달구벌대종 앞에서 유네스코 세계기록유산 등재추진을 알리는 범시민대회를 개최했다. 이후 서울, 부산, 광주 등 대도시를 순회하며, 전시회·세미나 등을 개최하였고, 전 국민 100만 인 서명운동도 진행하였다.

그리고는 전 세계의 전문가 및 시민을 대상으로 이러한 활동을 홍보하기 위하여, 리플릿 제작, 도록 제작, 책자 발간, 홈페이지 구축 등을 진행하게 되었고, 이 모든 과정은 한국어 및 영어, 중국어, 일어 등 다국어로 추진하였다.

그 결과 드디어 2017년 10월 30일 프랑스 파리에 있는 유네스코 본부로부터 우리가 고대하던 유네스코 세계기록유산 인증서를 받게 되었다.

☐ 유네스코 세계기록유산으로 등재된 의미는 무엇인가?

국채보상운동기록물 유네스코 세계기록유산 등재 인증서

　국채보상운동기록물이 유네스코 세계기록유산으로 등재된 것에는 여러모로 뜻깊은 역사적 의미가 있다.

　첫째, 국채보상운동기록물은 우리나라가 속해 있는 동아시아 지역의 근대화 과정에서 나타난 국민의 책임의식과 사상을 담고 있다. 서양의 근대화가 권리를 찾는 데서 출발했다면 우리의 근대화는 국민의 도리, 즉 비록 나랏빚이지만 국민적 책임을 가지고 갚겠다는 나눔과 책임 정신이 오롯이 나타나 있다.

　둘째, 전 세계 국채보상운동의 효시이다. 일반적으로 100여 년 전의 열강들은 침략의 수단으로 약소국에 강제로 빚을 지게하고 경제적으로 무력화시키는 방식으로 식민지화를 추진하였고, 일본 또한 동일한 방법을 우리나라에 사용하였다. 그러나 이에 맞서 한국에서 국채보상운동이 일어난 것을 시작으로 당시 제국주의 열강의 경제적 침략에 시달리던 많은 약소국가에서도 외채를 갚고 경제적 주권을 회복하려는 다양한 나랏빛 갚기 운동이 일어났다. 실제로 한국에서 국채보상운동이 일어난 후 연이어 중국, 멕시코, 베트남 등에서 외채상환운동이 일어났다는 것을 보면 우리나라가 그 출발점이었음을 알 수 있다.

셋째, 국채보상운동 정신은 훗날 1997년 동아시아에 IMF 외환 위기가 발생했을 때 '금모으기 운동'으로 다시 나타났다. 당시 외환위기가 닥치자 한국인들은 자신의 집에 보관하고 있던 결혼반지, 돌반지와 같은 금과 은 등의 귀금속을 나라에 기부하여 빚을 갚는 기금을 마련하고자 한 것이다. 현재 많은 이들이 금모으기 운동을 제2의 국채보상운동이라고 부른다. 옛날 한국인들이 나라의 빚을 스스로 갚고자 자신의 재산을 내놓은 방식이 새롭게 금모으기 운동이란 모습으로 나타났다고 볼 수 있는 것이다.

이렇게 금모으기 운동이 국채보상운동에 뿌리를 두고 있다는 지적은 해외 연구에서도 확인된다. 한국의 금모으기 운동을 목격한 캉드쉬(Michel Candessus) IMF 총재는 국채보상운동에서부터 이어진 한국 국민의 책임정신을 칭송했으며, 김용 세계은행총재는 브루킹연구소 강연에서 공동체 연대의식의 대표적 사례로 주목하였다.

1907년 한국에서 처음 국채보상운동이 전개되자 그 뒤를 이어 중국, 멕시코, 베트남 등에서 연이어 국채보상운동이 일어났던 것처럼, 1997년 금모으기 운동 또한 전 세계에 많은 영향을 주었다. 태국에서는 1998년에, 몽

골에서는 2017년에, 말레이시아와 터키에서는 2018년에 금모으기 운동과 부채상환운동이 일어났던 것이다.

넷째, 국채보상운동은 최초의 언론 주도 캠페인이자 전국적 여성운동이다. 국채보상운동은 민간 주도의 나랏빛 갚기 운동이란 점에서도 세계사에 유일하지만, 동시에 일본의 탄압 속에서도 이를 가감 없이 보도한 언론보도의 기록물로서도 그 가치가 매우 높다. 당시 언론은 각 마을에서 일어난 애틋한 사연과 감동적인 사건들을 보도함으로써 국민들의 참여를 호소했다. 아울러 본 운동이 전개되면서 발생하는 문제점까지도 가감 없이 모두 보도·논평하였기 때문에 언론 기록물적인 측면에서도 중요한 자산이라 할 수 있다.

또한 국채보상운동기록물은 당시 한국 여성계층의 각성 및 사회운동 참여를 그대로 보여주는 자료이기도 하다. 국채보상운동이 2월 21일 처음 일어난 후 이틀 뒤 바로 대구 남일동의 부인 7인이 '남일동패물폐지부인회'를 조직하고 여성들이 스스로 주체가 되어 국채보상 활동에 나서기 시작하였다. 이들이 전국의 부녀자에게 보낸 호소문인 「경고아부인동포라」의 내용을 살펴보면, "여자는 나라 백성이 아니냐. 나라사랑에는 남녀 구분이 없다"고 항의하며 남녀 차별을 지적하고 있다. 이후 전국적으로 30여 개에 가까운 국채보상운동 여성단체들이 남성의 지시를 전혀 받지 않고 참여하여 현대적 남녀평등의식을 성장시켜나갔다. 이는 세계 여성의 날 지정이 촉발된 미국 최초의 여성운동이 1908년에 시작되었다는 기록과 비교해 볼 때 국채보상운동을 통한 한국 여성들의 각성이 시기적으로 매우 앞섰음을 알 수 있다.

□ 그럼, 앞으로는 어떻게 할까?

유네스코에서 국채보상운동기록물 2,475건을 세계기록유산으로 등재하였다는 것은 100여 년 전 우리 조상들이 보여준 국채보상운동의 나눔과 책임 정신을 앞으로 세계만방과 공유하고 널리 알리라는 우리 시대의 소명이라 할 수 있다. 기존에는 대구에 전 세계인을 대상으로 자랑할 만한 문화유산이 많지 않았으나, 이 등재를 계기로 향후 대구에 세계인과 소통하는 네트워크를 조성하고 전 세계의 다양한 문화가 어우러지는 대한민국 대표 문화도시로 만들어나가야 한다.

2002년 5월 6일 사단법인으로 출발하여 2011년 10월 5일 국민적 성금을 바탕으로 국채보상운동기념관을 개관한 국채보상운동기념사업회에서는 그간에 확보한 모든 기록물들을 영어 등 다양한 외국어로 번역하여 인터넷 아카이브를 통해 공유하고자 준비하고 있다. 아울러 이 운동과 관련된 수많은 이야기들을 발굴하여 소설책, 동화책, 만화책, 희곡집 등으로 엮고 있다. 또한 국채보상운동과 관련된 감동적인 이야기를 소재로 하여 노래, 연극, 뮤지컬, 판소리, 마당극, 오페라, 그리고 영화 등의 작품으로도 제작하여 일부는 이미 공연이 이루어지고 있다.

그 외에 전 세계의 석학들과도 각종 전시회와 세미나를 통해서 교류하고 있으며, 북한지역의 국채보상운동기록물을 바탕으로 남북 간 학술교류에도 힘을 쏟아 통일운동에도 기여하고 있다고 하겠다.

국채보상운동기록물 유네스코 세계기록유산 등재 기념비

제2장

국채보상운동의 시대적 배경

☐ 일본의 침략 전략

　국채보상운동이 발생한 20세기 초반 우리 한민족의 운명은 어떠했을까? 이 당시 우리나라 대한제국의 상황은 외부의 강대국들에 의해 좌우지되는 상황이었다. 그나마 한반도에서 서로 우위를 차지하려고 다투던 강대국들은 1894년 청일전쟁이 일어나고, 그 결과 중국 청나라가 일본에 패배하면서 한반도에 대한 일본의 지배가 강화되었다. 이렇게 되자 일본의 눈에는 한반도 지배를 방해하는 마지막 세력인 러시아가 거슬리게 되었다.

　이때 대한제국 정부는 러시아의 힘을 빌어서 일본의 한반도 지배를 막아보려고 하였다. 하지만 일본은 1895년 10월 자신들의 야욕을 달성하기 위해, 대한제국의 황후였던 명성황후를 죽이는 사건을 일으켰다. 게다가 러시아의 힘이 점점 세지는 것을 두려워하던 영국과 미국은 일본을 지원하기 시작하였고, 이에 러시아와 일본 사이에 전쟁은 더 이상 피할 수 없는 선택이 되었다.

　마침내 1904년, 일본이 러시아 함대를 기습하면서 러일 전쟁이 일어나게 되었다. 대한제국은 이 전쟁에 말려들지 않으려고 국외 중립을 선언하지만 아무런 소용이 없었다. 이미 대한제국 정부를 장악하고 있던 일본은 전쟁을 일으키고 보름 만에 대한제국을 협박하여 강제로 한일의정서라는 조약을 맺고 군사전략상 필요한 곳을 마음대로 사용하기 시작하였다.

　러시아와의 전쟁 상황이 점차 일본 측에 유리하게 전개되자 다시 제1차 한일 협약이란 조약을 강제로 체결하였다. 결국 대한제국은 이 조약에 따

국채보상운동에 참여하는 서문시장 사람들을 묘사한 일러스트

메가타 다네타로(目賀田種太郎)의 모습.
(출처 Wikimedia Commons)

라 한국의 외교와 재정 분야에 일본에서 추천하는 외국인 고문을 두게 되었다. 이에 일본인 메가타가 재정 고문으로, 친일 미국인 스티븐스가 외교 고문으로 임명되어 일본의 이익에 도움이 되는 정책을 강요하기 시작하였다. 이 외에도 각 부문마다 일본인 고문이 배치되어 한국의 내정을 간섭하기 시작했다.

마침내 러일전쟁에서 승리한 후 일본은 한반도에 관심을 갖고 있던 모든 강대국으로부터 대한제국에 대한 확실한 지배권을 승인받게 되었다.

이제 더 이상 거칠 것이 없어진 일본은 고종 황제와 정부대신들을 위협하여 을사늑약을 체결하였는데, 이 조약으로 인해 일제가 대한제국의 외교권을 박탈하고 한국통감부를 설치하여 내정간섭을 강화하기 시작했다. 훗날 고종은 이 조약이 무효임을 선언하고자, 네덜란드 헤이그에서 개최된 만국평화회의에 특별사절단을 파견하여 국제사회에 호소하기도 하였으나 받아들여지지 않았다. 일본은 정부 각처에 일본인 차관을 두어 내정을 완전히 장악하였다. 그리고 군대를 해산하고 사법권과 경찰권마저 빼앗으니 한국의 운명은 그야말로 바람 앞의 등불처럼 위기에 빠지고 말았다.

☐ 국내 개혁의 실패와 애국계몽단체의 등장

　19세기 말 강대국들에 둘러싸인 한국은 정치상황이 매우 불안정하게 돌아가고 있었다. 특히 과감한 개혁을 바라고 있던 개화파 지식인들이 볼 때 그 당시에 처한 나라의 현실과 집권층의 나라 운영은 답답하고도 불만스럽기만 했다.

　이러한 개화파의 정치적 개혁 의지는 1894년 갑오개혁에서 잠깐 모습을 드러냈다. 그러나 일제의 위세가 더욱 포악해져 대한제국의 황후였던 명성황후를 죽이는 을미사변이 일어났다. 이에 위협을 느낀 고종 황제가 러시아 공사관으로 피신하면서 나라의 운명은 다시 앞을 가늠하기조차 어려운 지경으로 빠져들었다.

　급기야는 을사늑약으로 외교권까지 박탈되는 상황을 맞이하자, 개혁을 추진하던 개화 지식인들로서는 너무나 큰 절망이었다. 그래서 그들은 민족의 실력양성이 대안이라고 보고, 학교·단체·학회·언론 등을 잇달아 설립하며 국민들의 실력배양을 위한 애국계몽운동에 전념하기 시작했다.

　애국계몽운동은 다방면에 걸쳐 전개되었다. 애국계몽운동가들은 일본의 침략에 맞서 국권회복과 국민국가 건설을 위한 반일 정치구국운동을 전개하였다. 먼저 일본의 침략에 저항하여 을사늑약 반대운동과 고종 황제 퇴임 반대운동을 전개하였다. 특히 1905년 일본이 대한제국을 보호국으로 만들기 위해 강제로 을사늑약을 체결하자, 사회 각계각층으로부터 을사늑약에 반대하고 국권을 회복하려는 운동이 전국적으로 격렬하게 일어났다.

이렇게 1905년 이후 국내외에서 대한자강회와 신민회를 중심으로 다수의 애국계몽운동가들과 단체들이 국권회복을 위한 실력을 양성하기 위하여 여러 가지 사업을 실천하였다.

대한자강회는 치열하게 전개되는 국제사회에서 교육을 통한 국민의 계몽과 문명의 고도화가 한국을 강국으로 만드는 길이라고 생각하였다. 이를 위해 문명교육·실업교육·애국 교육을 통하여 능력 있는 국민을 육성해야 한다는 교육자강론을 폈다. 이러한 대한자강회의 교육구국운동에 대해 국민들이 적극적으로 호응하여 수많은 학교를 설립하였다. 신민회에서도 창립 당시부터 교육에 주안점을 두게 되어 전국 방방곡곡에 신식학교를 설립하게 된 계기가 되었다.

이렇게 한국인들은 국권을 회복하기 위하여 사립학교를 설립하였을 뿐만 아니라, 신문과 잡지를 발행하여 국민의 계몽활동과 국권 수호에 진력하였다. 이들은 민족독립의 유지와 발전을 위해서는 국어를 갈고 닦아야 한다고 믿었으며, 특히 일본의 국권침탈에 저항하면서 한국사에 대한 관심이 치솟게 되었다. 그리고 민족종교의 출현과 기성종교의 민족운동 또한 전개되기 시작하였다. 몇 년 후, 전국에서 들판의 불길처럼 번져나간 국채보상운동 또한 이러한 배경에 의해 전개될 수 있었다.

□ 언론기관의 발전과 민족계몽운동의 발생

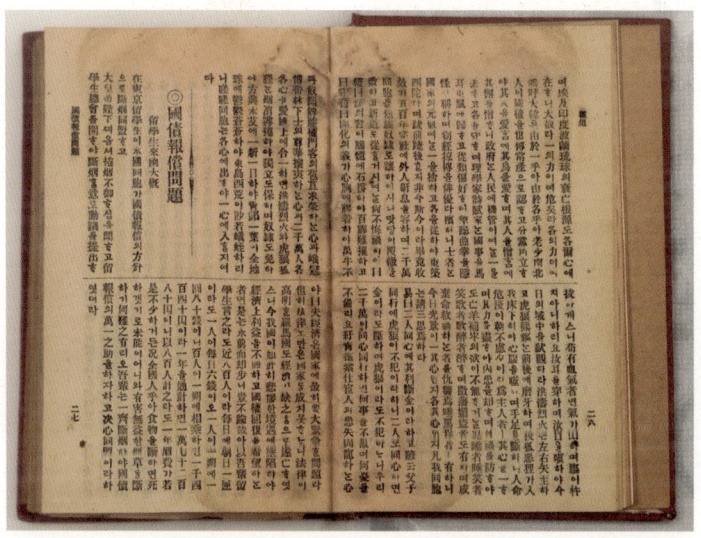

국채보상문제 논설이 수록된 『서우』 (소장처: 한국연구원)

이 시기에 이르면 신문이나 잡지 등의 언론기관들도 민족계몽운동을 시작했다. 훗날 국채보상운동에 가장 적극적으로 나서는 『대한매일신보』는 일본의 침략 정책을 가장 신랄하게 비판하였다. 이 신문은 영국인 베델이 운영하고 있었던 관계로 비교적 자유로운 입장에서 배일사상을 고취할 수 있었고, 이완용과 일진회의 매국행위를 폭로·규탄하거나 항일운동 및 민족교육을 위한 학교 설립, 민족자본육성을 적극 홍보하였다.

『황성신문』은 1905년 을사조약이 체결되자 '이 날 목 놓아 우노라'라는 사설을 통하여 소약 체결의 부당성을 폭로하고, 조약 체결에 협력한 정부대신

황성신문(제2612호)　　　　　　　　대한자강회월보(제9호)
(소장처: 국채보상운동기념사업회)　　(소장처: 국채보상운동기념사업회)

을 규탄하며 온 국민들에게 항일 의식을 고취시켰다. 『제국신문』은 하층민과 부녀층을 대상으로 국문을 해독할 수 있게 하는 동시에 민족의식을 일깨워 주었다. 『만세보』는 천도교의 지원으로 발간되어 국민계몽에 힘썼다.

　애국계몽단체들은 『대한자강회월보』· 『대한협회회보』· 『서우』 등의 회지를 간행하였다. 이러한 회지를 통하여 교육의 필요성 즉, 학교교육, 가정교육, 여성교육, 의무교육, 그리고 실업교육과 상업교육의 중요성을 역설하였다. 이러한 과정을 거치며 신속하게 근대화된 한국의 언론사상은 훗날 국채보상운동에서 중요한 역할을 하게 된다.

□ 일본의 경제적 침탈

    강화도 조약으로 일본인의 경제 침투가 법에 의해 허용된 이후, 일본은 군사적·정치적 침략의 필요성에 의해 부산, 원산, 인천을 강제로 개항시켰다. 1894년 청일전쟁 이후 일제는 한국의 전선·철도·광산에 대한 이권을 장악하였다.

    이러한 일본의 활동으로 인한 폐단은 실로 극심하여 현지 주민들의 불만이 고조되었고, 이러한 실상은 날마다 신문지상에 보도되고 있었다. 이 과정에서 일반 국민들은 일제의 노골적인 침략 야욕을 지켜보며 이대로 가다간 나라의 주권을 정말 잃을지도 모른다는 위기의식을 자각하게 되었다.

    일본은 1905년 대한제국에 을사조약을 강요함으로써 외교권을 강탈하였고, 중국 만주로의 세력 확장을 계속 추진하면서 한반도는 일본 대륙침략의 발판으로 바뀌어 가고 있었다.

    이 과정에서 일본은 우리나라의 근대화 및 화폐와 재정 제도의 개편을 위해서라는 명목으로 거액의 차관을 강제로 끌어왔다. 제1차 한일협약 이후 재정고문으로 부임한 일본인 메가타는 취임 즉시 한국의 화폐정리사업에 착수, 화폐정리를 위한 자금 300만원을 차입했다. 1906년 2월 한국통감부가 개설된 직후, 초대 통감 이토 히로부미는 한국의 안전을 위해 차관을 도입할 필요가 있다며, 일본흥업은행으로부터 1천만 원의 차관을 강제로 들여오도록 했다.

이렇듯 일본의 계속된 차관공세로 한국은 원금만 하여도 1천650만 원의 빚을 지게 되었고 해마다 늘어나는 이자 역시 상당한 금액이었다. 1907년 2월, 원금 350만 원을 갚고 나서도 1천3백만 원이 남아있게 되었다. 이 1천3백만 원의 빚은 당시 정부가 발표한 1906년도 1년 예산이 1천300만 원이었다는 것에 비추어 보면 국가 1년 예산과 맞먹는 엄청난 거액이었다.

문제는 1905년 이후에 이렇게 강제로 들어온 빚들이 한국을 위해서가 아니라 전적으로 일본의 식민지 기초 작업에 사용되었다는 점이다. 더 큰 문제는 화폐개혁 이후 들어온 빚은 서류상에만 존재하고 실제자금이 유입되지 않을 수도 있었다는 것이다.

□ 일본인의 대구 지역 점거

　청일전쟁 이후 대구에 들어온 일본인들은 대구읍성 밖 동부와 북부지역에 정착하였다. 이후 시간이 지남에 따라 대구에 거주하던 일본인들은 우리나라를 장악한 일본군을 등에 업고 세력을 확대해 나갔다. 그들은 전통적인 대구의 상권을 약화시키기 위해 자신들에게 유리한 북부 지역에 대구역을 설치토록 건의하였다. 그리고 이 지역을 중심으로 도로를 만들고 공업 및 상업 지역으로 개발하였다. 그리하여 북부는 공업 및 상업 지역으로서 발전해 갔고 종래 대구의 중심지였던 남부는 쇠퇴해 가게 되었다.
　이후 일본인들은 본격적으로 대구의 중심지를 차지하기 위해 대구읍성의 철거를 추진하였다. 대구읍성의 철거는 관찰사 서리 겸 대구군수였던 박중양에 의해 승인되어 이루어졌다. 그는 정부의 허가도 받지 않고 일본인들의 요구대로 성벽 철거를 시작하였다. 대구 지역민들의 거센 반발에도 불구하고 결국 읍성 철거는 완료되었으며, 철거된 성벽 자리에는 동성로와 남성로, 서성로, 북성로 등의 도로가 만들어졌다.
　이러한 것들이 국채보상운동이 일어나게 된 역사적 배경이 되었다.

제3장

국채보상운동의 시작과 전개

□ 애국계몽운동의 전개

일본의 침략이 가속화되던 20세기 대한제국에서는 국권회복을 위한 다양한 민족운동이 전개되었다. 위정척사계열의 지방유생들은 을사늑약의 체결에 항거하여 자결과 의열투쟁의 방법으로 국권을 회복하고자 하였다. 개화계열의 신지식층은 도시를 중심으로 애국계몽운동을 전개하였다. 애국계몽운동은 을사늑약을 전후하여 실력을 양성함으로써 일제로부터 국권을 회복하자는 운동으로 당시 보안회, 헌정연구회, 대한자강회, 신민회 등 다양한 분야에서 전개를 하였다.

보안회는 1904년 서울에서 설립된 단체로 러일전쟁 중 일제의 황무지 개간권 요구에 반대운동을 전개하였으며, 헌정연구회는 1905년 서울에서 조직된 단체로 입헌 정치 제제 수립을 목표로 애국계몽운동을 진행하다가 1906년에 대한자강회로 개편되었다. 대한자강회는 고종 강제 퇴위에 반대운동을 전개하였으며, 대한자강회 월보의 간행, 국채보상운동 참여 등 다양한 애국계몽운동을 전개하였다. 신민회는 1907년 4월 서울에서 안창호, 양기탁 등이 통감부의 탄압을 피해 비밀 결사로 조직하였으며, 국권회복과 공화정 바탕의 국민국가 수립을 목표로 활동하였다.

국채보상운동 기념비

□ 국채보상운동의 시작

국채보상운동을 최초 발의하는 대구광문사 현장을 묘사한 일러스트

　일제 침략에 따른 국권회복 및 애국계몽 운동이 한반도에서 전개되는 가운데, 대구에서는 출판·교육기관인 대구 광문사의 김광제 사장과 서상돈 부사장 등이 일본으로부터 경제주권을 회복하기 위하여 국채보상운동을 발의하게 되었다. 대구 광문사는 1906년 1월, 한때 황국협회의 기관지였던

『시사총보』를 접수하여 개화자강 노선에 맞도록 개편된 출판사였다. 이후 면목을 일신하여 장지연 등의 지도하에 외국의 신학문을 도입하여, 민족의 자강의식을 높이고 나아가서는 국권수호를 위한 애국계몽운동을 전개하던 출판사였다.

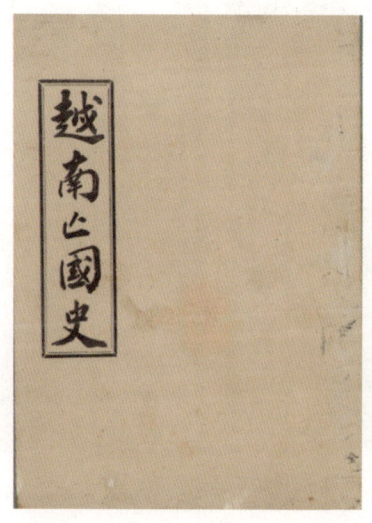

월남망국사 (소장처: 국채보상운동기념사업회)

광문사가 출판한 서적들은 『월남망국사』나 『중국혼』 같은 애국계몽의식과 밀접한 관련된 책들과 서양의 근대지식 보급 및 전파와 관련된 책들도 많았다. 이들 도서를 살펴보면 주로 근대계몽기에 세워진 신식학교에 사용되는 교과서용 책들로 『유몽휘편』, 『만국공법요략』, 『중등산학』, 『상업학』, 『경제교과서』 등이 그것이다.

☐ 김광제와 서상돈

국채보상운동기념공원에 세워진 김광제·서상돈 흉상

　대구 광문사 사장인 김광제는 1866년 충청남도 보령에서 태어났다. 1888년 관직에 나아가 동래경무관 등을 역임하였으나 이후 일제의 만행을 목격하고 국채보상운동 및 애국 계몽운동에 온힘을 쏟은 인물이다. 그의 중요한 행적을 보면, 1907년 국채보상운동을 주도하고, 국채보상운동 기관지인 『대동보』를 발행하기도 하였다. 『대동보』의 발행 목적은 구국계몽의 성격을 가지고 있다. 또한 1920년에 3·1운동 1주년이 되자 제2의 3·1운동을 일으키려 동경유학생들과 모의하기도 하였다. 이러한 김광제의 행적을 기리기 위해 대한민국정부에서 1990년 건국훈장 애족장을 수여하였다.

부사장 서상돈은 1850년 경상북도 김천에서 태어났으며, 천주교인으로서 세례명은 아우구스티노이다. 1868년 보부상으로 시작하여 대구 제일의 상인이 되었다. 1898년에는 만민공동회의 재무부장으로 참여하여 애국계몽운동 및 민권수호운동을 전개였고, 여러 학교를 설립하면서 근대교육의 발전에 힘쓰기도 하였다. 일본이 우리나라를 위협하던 1907년에는 국채보상운동을 발의하고 적극적으로 활동하였는데, 후에 국채보상운동이 좌절되자 사회활동에 전념하여 민족 실력 양성에 힘썼다. 후에 대한민국 정부는 서상돈의 공훈을 기리어 1999년 건국훈장 애족장을 수여하였다.

☐ 국채보상운동 발의

  일본은 우리나라의 경제권을 장악하기 위해 네 차례에 걸쳐 강제로 대한제국에 빚을 지게 했다. 그 금액은 1907년이 되자 1,300만원에 이르렀다. 이 액수는 당시 1년 국가 예산에 해당하는 크기였다. 이러한 상황에서 일본에 진 빚을 갚아 주권을 회복하자는 뜻 아래 대구에서 국채보상운동이 제안되고 이후 전국적으로 그 운동이 확산되었다.

  대구 광문사 회원들의 활동 중 대구 광문회라는 문회 조직이 있었는데, 이 대구 광문회 조직을 확대 개편하여 대동광문회로 개칭하기 위한 특별회의가 1907년 1월 29일 개최되었다. 이 자리에서 김광제·서상돈 등은 일본으로부터 강요된 나랏빚을 우리 국민이 직접 갚아서 나라를 위기에서 구해내자는 국채보상운동 발의를 하게 되었다. 여기서 서상돈이 먼저 800원을 내놓자 그 자리에서 2,000원이 모금되기도 하였다.

  김광제와 서상돈 등 발기인들은 이 나랏빚이 대한제국의 존망과 직결되는 것임을 알고, 2천만 동포가 담배를 끊어서 모금한 돈으로 나랏빚을 갚자고 주장하였다. 제안 내용에는 구체적인 상환 방법까지 제시가 되어 있는데, 2천만 국민들이 3개월 간 금연하고 그 대금으로 한 사람이 매달 20전씩 거둔다면 1,300만 원을 모을 수 있다고 보았다. 또한 이 가운데 모자라는 부분은 여유 있는 사람이 100원, 200원, 혹은 1,000원을 내면 1,300만 원을 모을 수 있다는 것이었다.

위에서 언급되었던 국채보상운동의 발의는 다음의 『대한자강회월보』 제9호에 수록된 「국채보상계」라는 내용을 보면 당시 상황을 쉽게 알 수가 있다.

국채보상계(『대한자강회월보』 제9호)

(앞의 내용 생략)
우리 2천만 동포가 담배를 석 달만 끊고 그 대금을 이십 전씩만 수합하면 그 빚을 갚을 터인데, 혹 말하기를 우리나라 인종이 강단과 열심이 없어 일제히 담배 끊기가 매우 어렵다 하나, 담배 석 달 못 끊을 자 어디 있으며, 설혹 사람마다 못 끊더라도 1원부터 1,100원까지 낼 사람이 많을 지니 무엇을 근심하리오.
(뒤의 내용 생략)

□ 국채보상운동의 확산

국채보상운동기념관 전시: 전국으로 확산되는 국채보상운동 지도

국채보상운동은 일본으로부터 강요된 나랏빚을 상환하자는 공동의 목표를 달성하기 위해 국민들이 자발적으로 의연금을 모금한 운동이다. 의연금을 납부하면서 국민들은 애국심을 높이고, 단일의 집합체로 결속하면서 민족공동체의식을 강화시켜 나갔다. 국채보상운동은 남녀노소와 신분, 지역을 막론하고 일반 대중들이 광범위하게 참여하였다. 특히 그 동안 차별을 받았던 여성층이나 승려, 기생과 같은 이들이 적극 동참하였다. 이들은 민족을 구하는 일에 남녀와 신분의 차이가 있을 수 없다면서 국채보상운동에 적극적으로 동참하였다.

이러한 국채보상운동의 전개 및 확산과 관련하여 현재까지 알려진 자료에 근거하여 살펴보면 다음과 같다.

1907년 1월 29일 발의 내용이 만장일치로 통과된 뒤, 2월 21일 대구군민들의 의견을 대변하는 대구민의소에 단연회(금연운동조직)를 설립하였다. 그리고 서문시장 앞 북후정이란 정자에서 대구 군민대회를 열고 국채보상운동 취지서를 낭독하였다.

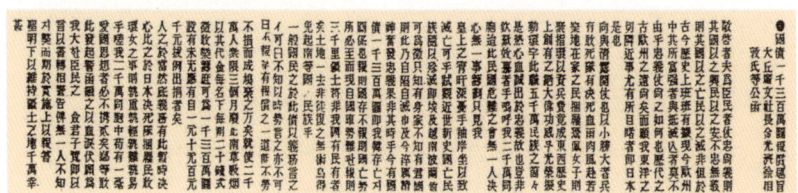

국채1,300만보상취지서

국채일천삼백만원보상취지(「대한매일신보」 제444호)

삼가 아룁니다. 대저 신하와 백성 된 자가 충성에 따르고 의를 숭상하면 그 나라가 흥하고 그 백성이 편안하나 충성하지 않고 의가 없으면 곧 그 나라가 망하고 백성이 멸하게 됩니다. 이것은 고금 역사상에서 분명한 증거가 있습니다. 현재 유럽에서 부강한 나라와 멸망한 나라를 비교해 보면 충과 의를 행하고 숭상하는지에 따라 그 결과가 결정된다는 것을 알 수 있습니다.

……

오호라, 우리 2천만 동포여. 지금 백성과 나라가 위급함을 당하고 있는데 …… 팔짱끼고 우두커니 앉아서 멸망을 기다리고 있어야만 하겠습니까?

……

지금 국채 1천3백만 원이 있는데 이것은 바로 우리 대한의 존망에 관계되는 일입니다. 갚으면 나라가 보존되고 갚지 못하면 나라가 망하는 형세가 올 것입니다. …… 그런데 갚을 수 있는 길이 있으니 …… 그것은 2천만 국민으로 하여금 3개월 동안 담배 피우는 것을 그만두고, 그 대금으로 각자 매달 20전씩 거둔다면 거의 1천3백만 원이 되겠습니다. 그리고 설사 그 액수가 다 차지 못하는 일이 있더라도 응당 지원해서 1원, 10원. 100원 1,000원의 특별 출연을 하는 사람도 있을 것입니다. ……

이러한 김광제와 서상돈의 취지서가 대한매일신보에 실리어 국민들에게 알려진 이후 전국적으로 국채보상운동을 전개하기 위해 본격적인 모임이 전개되었다. 2월 22일에는 서울에서도 적극 호응하여, 김성희·유문상·오영근 등은 국채보상기성회리는 조직을 설립하였다. 이들은 국채보상기성회가 전국 각 지방에서 일어나고 있는 국채보상운동을 서울에서 총괄하는 기구라고 자부하고 그 취지서를 발표하였다. 처음으로 회칙을 제정하여 합법적 운동으로서의 형식을 갖추었으며, 의연금을 낸 국민의 이름과 그 액수를 신문에 게재하기로 하였다. 다음은 국채보상기성회 취지서의 내용이다.

「국채보상기성회취지서」

(앞의 내용 생략)
- 본회는 일본에 대하여 국채 1,300만 원을 보상할 목적으로 한다.
- 보상방법은 일반국민의 의연금을 모집한다. 단 금액은 많고 적음에 구애받지 않는다.
- 본회에 의연금을 납부한 사람은 본회의 회원으로 인정하고 성과 이름과 금액을 신문에 공고한다.
- 본회와 목적이 같은 각 단체는 서로 단합하여 목적을 이룰 것을 힘써 도모한다.
- 의금을 모아 위의 돈에 이르기까지 믿을 만한 우리나라의 은행에 맡겨둔다. 다만 수합된 돈은 매월 말에 신문에 공고한다.
- 본회의 목적을 달성한 뒤에는 해산한다.

앞의 「국채보상기성회취지서」에는 서울의 의연금 모금 기관과 장소 7개소를 지정하여 국채보상 의연금을 수합하도록 하였다. 그리고 각 지방에서도 도, 군, 면 단위로 이 운동을 찬동·지지하는 취지서와 회칙을 정하여 발표하고, 더불어 국채보상회 및 금주단연회 등을 설립하여 국채보상운동을 전개해 나갔다. 당시 전국의 모든 군이 국채보상단체를 만들어 참여한 것으로 나타나는데, 발견된 국내외의 취지서만 해도 150여 개나 된다.

☐ 국채보상운동의 전개

국채보상운동기념관 전시: 확산을 이끈 서문시장 사람들

　한편 김광제·서상돈 등에 의하여 국채보상운동이 제창되자 대구 서문시장에서부터 즉시 호응이 나타났다. 또한 2월 23일에는 대구 남일동에서 패물폐지부인회가 결성되어 전국의 부녀자들에게 국채보상운동 참여라는 모범을 보였다. 이들이 발표한 「경고 아부인동포」라는 호소문은 뭇 여성들로부터 큰 호응을 얻게 되어, 전국적으로 45개의 여성단체 및 이에 준하는 단체가 만들어지는 등 의연금 모집에 활기를 띠게 되었다.

　2월 24일에는 가난한 짚신장수로부터 콩나물장수, 술·밤·떡장수 등 영

세 상인들이 애써 물품을 팔아서 번 돈을 아낌없이 보상금으로 보태었던 것이다. 이에 학식이 있는 선비들이나 유지들도 가만히 있을 수 없는 일이라 하여 참여하게 되었다. 이외에도 두 발이 없는 걸인이 엽전 5냥을 모금소에 기부하고 즉시 담뱃대를 부러뜨렸다. 이를 곁에서 보고 있던 사람들이 더욱 감격하였다는 이야기가 전해 온다.

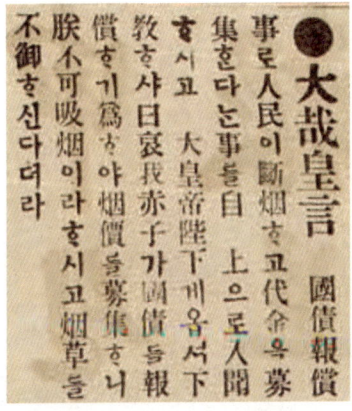

고종의 국채보상운동 참여 기사-대재황언

이러한 국채보상운동 소식을 전해들은 고종 임금은 2월 27일 '우리 국민들이 나랏빚을 갚기 위해서 금연하고 그 값을 모은다 하는데 짐이 담배를 피울 수 없다'하며 담배를 끊으니 관리와 백성들에게 큰 감격을 주었다고 한다.

이후 3월 9일에는 대구 서문 밖 수창사에도 국채지원금수합사무소를 설치하였다. 그들의 활동은 처음부터 일본 경찰의 방해와 간섭을 받아 군민대회가 해산당하고 연설자가 체포당하기도 하였다.

한편 국채보상운동이 전국적인 규모의 국민운동으로 퍼져나가자, 의연금을 관리할 통합기구의 필요성에 따라 4월 8일 국채보상지원금총합소를 대한매일신보라는 신문사 내에 설립하였다. 소장으로는 한규설(후에 윤웅열)을 추대하였다. 이와 거의 때를 같이 해서 4월 초에 대한자강회 회관을 임시사무소로 하여 일반 국민을 지도하기 위한 방침으로 국채보상연합회의소를 설립하고 의장에 이준을 추대하였다. 총합소와 연합회의소는 같은 성격의 기구이었으나 연합회의소에서는 동포들에게 국채보상운동을 지도하는 업무를 담당하고, 총합소에서는 의연금을 수합하고 관리하는 일을 맡도록 하였다.

아울러 국내의 국채보상운동은 해외에서도 적극적인 호응을 해 왔다. 3월 18일 일본에 유학중이던 8백여 명의 유학생들은 국채보상운동에 감동되어, 생활의 어려움을 돌보지 않고 금연을 결의하여 절약된 담뱃값을 국채보상금에 보태기로 하였다.

2월 24일 미국 샌프란시스코, 로스앤젤레스 등지에 가 있는 교포인 공립협회 회원들이 참여하고, 4월 20일 블라디보스토크에 거주하는 교포 36명은 국채보상금으로 거둔 55원을 국채보상기성회로 보내왔다. 아울러 해외에서 애국사상을 표현한 글을 보내오기도 했는데, 그 뜻이 격렬하고 절실하여 사람들로 하여금 감동의 눈물을 금하지 못하게 하였다.

이러한 국채보상운동의 전개양상은 『대한매일신보』, 『황성신문』, 『제국신문』, 『만세보』 등의 언론을 통해 대대적으로 보도되었다. 이는 즉각 큰 효과를 내어 국채보상운동에 전국적인 관심이 집중되었고, 경쟁적인 의연금 모금으로 이어지게 된다. 의연금의 모금 내역은 신문이나 잡지, 그리고 모금 장부에 기록되거나 또는 의연금 영수증 등으로 현재까지 전해 오고 있다.

제4장

국채보상운동과 여성 참여

□ 여성들의 국채보상운동 참여

국채보상운동기념공원에 세워진 국채보상운동 여성기념비

　일찍이 한국의 근대여성운동은 1898년 9월 1일 한국 최초의 여성인권선언서라고 할 수 있는 '여권통문'이 발표되면서 비롯되었다. '여권통문'을 보면 첫째, 여자도 문명·개화 정치를 수행하여 구국의 민족 대열에 참여할 권리가 있다는 것, 둘째, 여자도 남자와 같이 평등하게 직업을 가지고 일할 권리가 있다는 것, 셋째, 여자도 남자와 동등하게 교육을 받음으로써 독립된 인격을 가질 수 있다는 것이 주요내용이다. 여권통문의 참정권은 이후 국채보상운동, 계몽운동, 3·1운동 등 다양한 방법의 항일운동에 참여하는 것으로 이어졌다.

전국적으로 확산되기 시작한 국채보상운동에서 여성주도층은 양반가 여성이었다고 볼 수 있다. 국채보상운동에서 양반 여성의 참여가 두드러질 수 있었던 것은 시대의 변화, 특히 여성의 의식변화 때문이다. 여권통문의 발표를 주도했던 이들도 바로 양반가 여성이었다. 서울의 북촌에 사는 양반가 여성을 중심으로 발표된 여권통문에는 여성도 남성과 동등한 인격체라는 주장이 담겨 있다. 이렇게 양반가 여성단체의 사회인식변화가 1907년 '국가위기'라는 변수와 맞물려 공식적으로 분출된 것이 바로 국채보상운동이다.

국채보상운동에 처음 여성이 참여한 것으로 볼 수 있는 것은 바로 1907년 2월 21일 대구 북후정에서 군민대회가 끝나고, 서문시장 상인들이 국채보상운동에 의연금을 내어 놓은 것이라 할 수 있다. 제국신문 2월 27일자의 보도에 따르면 군민대회를 한 대구 시장에서 짚신장사, 콩나물장사, 술장사, 떡장사 등을 하는 노파들이 50~60전씩 또는 1~2원씩 다투어 출연했다고 한다. 이렇듯 국채보상운동에 여성들의 초기적 참여는 개인적 의연이 대부분을 차지한다.

그러다가 대구 남일동패물폐지부인회의 '경고 아부인동포라'라는 호소문이 대한매일신보를 통해 널리 읽혀지자, 전국적으로 국채보상을 위한 여성단체가 조직되기 시작했다. 다음의 표에서 지역별 여성단체와 준 여성단체를 볼 수 있다.

지역	여성단체명	준 여성단체명
서울	대안동국채보상부인회 부인감찬회	약방기생
	(일진회) 국채보상여자의성회	태의원의녀
		궁내부기녀
		양구의숙생도
		이화학당 교사·생도
경기	인천 국미적성회	
	김포검단면국채보상의무소	여주흔바위예수믿는 부인
	안성군장터동국채보상부인회	
	남양군부인의성회	
충청	진천군국채보상부인회	음성군금자면무극리패물폐지부인회
	(민승면광혜원내)	부은군양반부인
전라	금산봉황정부인회	목포죽동수세국내부인참여
	제주삼도리부인회	
	제주함덕리국채보상기성회	무안부내면죽동의부인참여
경상	대구남일동패물폐지부인회	
	대구국채보상탈환회	
	대구남산국채보상부인회	
	부산항좌천리감선의연부인회	거창부인의연회
	단연동맹부인회(부산항상의회소내)	금상부인의연회
	영도국채보상부인회(부산항)	의령군퇴기20명회
	수정동부인의연회(부산항)	
	진주애국부인회	
	애국상채회(진주)	
	창원항국채보상부인회	
	경주군국채보상부인회	

지역	여성단체명	준 여성단체명
황해	안악군국채보상탈환회	
평안	삼화항패물폐지부인회	주희 31명(평양)
	삼화항비석동예수교부인국채보상회	평양기생 18인회
	선천군부인의성회	과천군동면삼성리부인 36명회
함경	청북강계부인급수보상회	
	영흥군국채보상감반회	
기타	영안이씨문중부인회	종남산 미타사여승
계	28개	17개

　이처럼 여성들이 단체를 조직하여 국채보상운동에 참여한 것은 근대여성사에서 볼 때 큰 의미를 가진다. 외국의 침공을 받아 나라가 위험에 처했을 때, 전투를 돕기 위해 행주치마에 돌을 나르고, 군사들을 위해 밥을 해 날라 주는 등의 집단적인 행동이 없었던 것은 아니다. 하지만 그것은 남성의 보조적인 역할에 지나지 않았다. 여성이 국민 된 권리와 의무를 내세우면서 주체적으로 참여하여 활동을 한 것은 국채보상운동에서 뚜렷하게 나타난다. 이는 남성 독점의 영역이었던 한국의 정치사에 있어서 여성이 자발적으로 참여했다는 점에서 획기적인 의미를 갖는다. 여성들은 국채보상운동에 남자 못지않은 열성적인 참여를 했다. 현금은 물론이고 비녀와 은반지 등 패물을 내어놓고, 쌀을 줄여 의연하며, 심지어는 집을 팔아 국채보상운동에 참여하기도 했다.

이렇듯 남성들의 금연, 금주보다 더 다양한 방법으로 여성들이 실천하는 모습을 볼 수 있다. 아래에 다양한 사례들이 나와 있다.

다양한 사례

○ 아산의 이 씨 댁에 시집갔다가 일찍이 홀로 되어 두 아들을 키우는 양 씨 부인이 '본인이 비록 일개 여자이지만, 또한 대한국민의 한 사람인지라, 겨우 12원을 기부한다'라며 편지와 함께 기부함 (제국신문 1907. 2. 25.)

○ 북촌 인력거꾼 이 씨가 그의 어머니에게 국채보상운동에 출연할 몇 십 전을 요구하자 그 어머니가 '이 같은 일에 어찌 몇 십 전인가'하고 4원을 내어줌(대한매일신보 1907. 2. 26.)

○ 한정렬 씨 부인이 30년 간 피우던 담배도 끊고, 바느질 품삯을 모아둔 2원을 냄(대한매일신보 1907. 2. 28.)

○ 묘동에서 침공으로 생활하는 홀로된 30세 김 부인이 은반지를 담보로 맡기고 2원을 냄(대한매일신보 1907. 3. 1.)

○ 김일당(부인)과 김석자(부인) 등이 매일 아침·저녁밥을 반 그릇으로 줄여 각각 석 달 치 2원 70전을 냄(황성신문 1907. 3. 1.)

○ 아울러 부인감찬회를 만들어, '부인감찬회경고문'을 발표하고 의연금을 따로 모집함(만세보 1907. 3. 2.)

○ 나이어린 여학생들과 가난한 여자 아이들의 기부(대한매일신보 1907. 3. 3. ~ 5.)

○ 북촌의 양반부인이 대안동국채보상부인회를 결성하고 활동(대한매일신보 1907. 3. 6.)

○ 2월 23일 대구 남일동의 부인 7명이 패물폐지부인회를 조직하고 '경고 아 부인동포라'라는 취지문을 게재(대한매일신보 1907. 3. 8.)

여성들 역시 신분고하와 나이의 차이 없이 국채보상운동에 적극 참여함이 나타난다. 이 밖에 서울에서는 기존에 있던 여성단체들이 국채보상운동을 활발히 전개하였다. 서울여자교육회·진명부인회·대한부인회 등이 보상금 모집소를 설치하여 활동하였다. 그리고 또 원일부인회가 있었고 또한 도사(都事) 이현규의 대부인 하동 정씨가 문중의 부녀자들을 모아 '연안이씨문중부녀회'를 조직하고 식량을 절약하여 국채보상에 참여하게 하였다. 지방에서도 여성들의 활동이 매우 활발하였다. 이 운동의 발원지인 대구에서도 앞서 말한 '남일동패물폐지부인회'가 있었던 것은 말할 것도 없다.

이외에도 반지를 빼어 국채를 보상하자는 뜻의 황해도 안악군 국채보상탈환회가 4월에 조직되었다. 부산에서는 여성들이 오히려 남성보다 이 운동에 먼저 참여하여 '부산항좌천리감선의연부인회'를 조직하였다. 매월 살림을 아껴 써 나랏빚의 적은 부분이라도 갚아 국토를 지키고 국권을 회복하자고 하였다.

☐ 대구 남일동 패물폐지부인회

대구 남일동 패물폐지부인회
정경주 여사 사진
(대구여성가족재단 제공)

　대구 북후정에서 있었던 군민대회가 열리고 이틀 후인 1907년 2월 23일 대구 남일동에 살고 있는 부인들이 합심하여 '남일동패물폐지부인회'를 조직하였다. 이들은 1907년 3월 8일 대한매일신보에 「경고 아 부인동포라」라는 호소문을 발표하였다. 당시 봉건적인 사회체제 속에서도 여성들은 국가의 어려움 앞에 남녀의 차별이 있겠느냐 하면서 국채보상운동에 참여한 것은 매우 고무적인 일이었다.

대한매일신보 기사-경고 아 부인동포라

경고 아 부인동포라 (우리 부인 동포에게 삼가 알립니다)

우리가 …… 나라를 위한 마음과 백성 된 도리에 어찌 남녀가 다를 수 있겠습니까? 들자하니 나랏빚을 갚으려고 2천만 동포들이 석 달 동안 담배를 끊고 그 돈을 모은다고 하니, …… 대저 여자는 나라의 백성이 아니고, 임금의 가르침을 받은 사람도 아닙니까? 우리들은 여자의 처지로 몸에 지니고 있는 것이라고는 다만 패물뿐입니다. …… 그러므로 뜻 있는 부인 동포들은 많고 적음에 구애됨이 없이 진심으로 의연금을 내어서 나랏빚을 완전히 갚는다면 천만다행이겠습니다.

정미년(1907) 정월 11일 발기인 대구 남일동

정운갑 어머니 서씨, 은가락지 한 벌 두 냥쭝

서병규 아내 정씨, 은장도 한 개 두 냥쭝

정운화 아내 김씨, 은가락지 한 벌 한 냥 아홉 돈쭝

서학균 아내 정씨, 은가락지 한 벌 두 냥쭝

서석균 아내 최씨, 은가락지 한 벌 한 냥 오 돈쭝

서덕균 아내 이씨, 은가락지 한 불 한 냥 오 돈쭝

김수원 아내 배씨, 은가지 세 개 은연화 등 한 개, 두 냥 아홉 돈쭝

이 호소문을 살펴보면 여성 또한 나라의 백성으로 나라 위하는 마음과 백성 된 도리에 남녀가 따로 있지 않다며 총 13냥 8돈쭝의 패물을 기부하고, 국채보상운동 참여를 부인 동포들에게 권유한다. 이 취지는 전국적인 호응을 받아 이후 많은 여성단체가 만들어지고 국채보상에 참여하게 하는 계기를 마련하였다.

□ 대구 기생 앵무와 기생들의 의연

국채보상운동에 참여하는 기생들의 모습을 묘사한 일러스트

　일제가 정치·경제적 침탈을 노골화하고 있고, 이에 맞서 김광제, 서상돈 선생이 주도한 국채보상운동이 시작되었을 1907년 2월이었다. 남자들이 담배를 끊고 그 절약된 돈으로 모금운동을 시작하자마자, 대구의 기생 앵무는 가장 먼저 1백 원을 기부하면서 "금번 의연금은 힘에 따라 내는 것이 국민의 의무이거늘 여자로서 감히 남자보다 한 푼이라도 더 낼 수가 없으니 누구든지(남자) 1천 원을 출연하면 죽기를 무릅쓰고 따라 하겠다"고 하였고, 이에 감동한 서상돈, 김병순, 정재학 등의 지도자들이 각기 기만 원씩 출연하기로 결의하였다."라고 황성신문에서 보도하였다.

실제로 이 사건은 양반층, 상인층이 주도하여 일어난 국채보상운동을 삽시간에 부녀자와 하층민중 사이에 확산시킨 촉매제가 되었다. 뿐만 아니라 이것은 단순한 남자들의 금연운동 차원을 넘어, 여성들이 가락지나 비녀 등의 패물을 기부하고, 먹을 것을 줄여 기부하는 등 실질적인 나눔과 책임 정신을 온 국민운동으로 발전시키는 계기가 되었다.

이러한 앵무의 행보는 남성들을 더욱 분발하게 하였으며 진주와 평양의 기생은 물론 다양한 여성들의 참여를 이끌어내는 기폭제가 되었다. 앵무의 본명은 염농산으로 성주군 용암면 출생이라 전해진다. 앵무는 대구삼절로 여겨질 만큼 대구의 제일가는 기생으로 유명했다.

진주의 기생 부용도 진주 의봉루 아래를 지나다가 애국상채회 주최로 국채보상 연설을 하는 것을 듣고 감동하여 귀가 즉시 동지 기생들을 규합하였다. 국채 보상의 의무에 있어서는 남녀가 따로 없다는 의견 아래 '애국부인회'를 결성하고 돈을 모았다. 이날 기생 국향의 30원을 비롯하여 18명이 142원을 모금하였다.

평양에서 국채보상회를 조직할 때에 술접대부 31명은 "우리들이 비록 천한 직업에 종사하고 있으나 국민된 의무는 같을 지니 어찌 이것을 간과할 수 있겠느냐"하고 의연금 32원을 출연하였다, 기생 18명도 50전씩 각출하여 기성회에 납부하자 각계의 칭송과 호응이 대단하였다.

서울의 기생 39명도 머리의 비녀를 빼어 의연금으로 출연하는 등 기생들은 국민의 의무를 수행하겠다는 의지를 가지고 이를 몸소 실천하기를 노력하였다. 기생들이 거금을 나랏빛 갚는 데 내어놓을 수 있다는 점은 애국심의 표현이라고 볼 수 있다. 한편으로는 신분적으로 차별받던 기생들이 신분철폐와 해방을 이루려는 욕구가 국채보상운동에 적극적으로 참여하는 것으로 나타난 것으로도 보인다.

지역	참여단체	방법	인원	의연금	기타
서울	약방기생	현금·패물	39인	20여원	
	궁내부기녀	현금	40인	24원	
충청	진천군국채보상부인회 (유지부인과 함께 의연함)	현금·패물	1차 53인 2차 85인	엽전 404량 패물1량5분 중 41원 60전	(정확히 구분 안 됨)
부산	단연동맹부인회 (부산상공회의소 내)	현금	23인	29원50전	
대구	기생 앵무(개인)	현금	1인	1백 원	
진주	진주애국부인회	현금	1회 18인 2회 232인	1회 142원 2회 498원15전	발기인 부용
의령	의령군 퇴기20명회	현금	20인	16원 30전	
평양	평양기생 18인회		18인	9원	
6개 지역 총 7개 단체, 개인		현금	391인 (충청제외)		

□ **여학생, 부실, 종교계, 국외 여성의 참여**

여학생의 국채보상 의연활동을 살펴보면 서울의 이화학당 교사 및 생도의 의연활동이 눈에 띤다. 1907년의 '이화학당'은 200여 명의 졸업생을 배출할 정도로 성장했다. 그런 시기에 국채보상운동에 35인이 5원 70전을 출연한 것은 학생들의 시국에 관심과 의로운 기상을 엿볼 수 있는 부분이다.

1906년 7월에 설립된 양규의숙에서도 학생 33인이 4원 20전을 출연하여 의미가 깊다. 특히 양규의숙은 학교 운영비가 모자라 1906년 12월에 잠시 학교를 쉴 수밖에 없는 상황에 처해 있었기 때문에 학생들의 의연금 출연은 결연한 구국의지의 실천이었다고 본다. 비록 여성 국채보상운동 의연단체로 이화학당과 양규의숙 학생들의 기록만 명시되었지만 그 외에도 국채보상운동의 전개과정에서 전국 학생들의 참여가 적극적이었을 것이다.

부실이라 하면 정부인이 아닌 후처, 첩에 해당하는 여성을 의미한다. 부실의 신분이었던 여성이 국채보상운동 단체를 조직하고 의연활동을 공식적으로 했다는 것은 그만큼 의식이 깨어 있다는 증거이다.

서울의 '부인 감찬회'는 일진회원 부실이 조석마다 한 그릇 밥을 반 그릇으로 하고 그 석 달 분의 값 2원 70전씩을 출연했다는 기사가 게재되어 있다. 이들이 바로 이락용의 부실 김일당, 최영년의 부실 김석자, 이호백의 부실 박회당이었다. 진주의 '애국상채회'에서는 이진사 부실, 하첨정 부실이 의연활동을 했다는 기록이 황성신문에 게재되어 있으며, 경주의 '경주군국채보상부인회'는 이진사 부실로 의연금액을 출연했다고 기록되어 있다.

신교육과 기독교 교육을 받은 여성들은 '삼화항비석동예수교부인국채보상회' 등 지역별로 여러 단체를 통하여 국채보상운동에 참여한다. 이외에도 1907년 3월 14일자 대한매일신보의 '종남산 미타사 여승 40명'이 8원을 의연했다는 기사가 나온다. 국가가 어려운 시기 종교인 여성들도 동참한 것을 보여준다.

　국채보상운동에는 국외 부인동포들도 참여하였다. 하와이 엡윗청년회부인들이 20달러 35센트(61원 16전)를 모금하여 보내왔고 또 하와이 목걸리 예수교한인부인 20여 명이 16달러 15센트(32원 16전)을 보내왔다. 이들은 5월 12일자로 『제국신문』에 격려의 편지를 보내었는데, 이 편지의 말미에서 약육강식하는 국제사회에서는 남녀가 힘을 합하여 나라를 지키지 않으면 온전한 자유를 누리는 독립국가가 되기 어려움을 경각시켰다. 국외에서의 어려운 생활 속에서 조국을 위하여 국채보상운동에 동참한 동포여성들의 애국심은 참으로 대단하였다고 할 수 있다.

제5장

청소년들의 국채보상운동

☐ 청소년들도 대한의 국민

머리카락 잘라 의연하는
여학생의 모습을 묘사한 일러스트

이러한 국채보상운동에 남녀노소·신분고하를 막론하고 전 국민이 동참하였는데, 특히 전국의 어린이와 학생 등 청소년들 또한 의연금을 모으거나 개커린 몸으로 목청껏 국채를 보상할 것을 호소하기 시작하였다. 이러한 광경을 본 당시 사람들은 도성에서 시골골목까지, 부녀자와 어린아이, 귀천을 막론하고 앞 다투어 의연금을 내니, 실로 물이 골짜기에 모여드는 형세라고 평가했다.

그렇다면 이 당시 사회적 약자였던 어린 청소년들이 나랏빚을 갚자고 외치며 작은 푼돈이나마 모아 국권회복에 적극적으로 나섰던 이유는 무엇이었을까? 전 세계를 유린하던 서양과 일본 등 강대국들의 억압에서 벗어나 자유를 추구하고 살기 좋은 미래로 나아가고자 했기 때문일 것이다.

그 미래란 무엇일까? 어리고 어린 자신들마저 짓누르고 숨조차 제대로 쉬지 못하게 하던 암울한 현실을 극복하고 자유와 민권이 보장되는 나라, 이른바 근대 국민국가로 나아가는 것이었다.

□ 어린 청소년들의 국채보상 정신

나라가 망하면 국민인 자신 또한 다른 나라의 노예 신세가 될 수밖에 없다는 사실을 우리 국민 모두는 일찍부터 인식하고 있었다. 일본의 경제적 침략이 이루어지는 냉혹한 현실에도 불구하고, 국민 각자가 대한의 국민이라는 사실을 자각하고 자발적으로 나랏빚에 대한 책임 의식을 가졌던 것이다.

당시 어린 청소년들 또한 바로 이러한 점을 기대하고, 모두가 힘을 모은다면 위기의 극복이 충분히 가능하다고 믿었기 때문에 적극적으로 국채보상운동에 나섰던 것이다. 이러한 어린 청소년들의 국채보상 활동은 당시 어른들에게 큰 감명을 주었다.

계백산인이라는 인물은 신문 기고를 통해 어린이들의 국채보상운동 참여에 대하여 다음과 같은 소회를 남겼다.

> … 어린아이들이 주머니를 털어 의연금을 내고 받은 영수증을 친구들에게 자랑하면서 말하기를 "내가 나라를 위해 의연금을 냈다."고 하니, 어찌 대추와 밤의 단 맛이 한번 의연금을 부조한 달콤함에 미칠 수 있겠습니까? 비록 어른들의 말에 감동을 하여 그렇다고 하더라도 아이들에게 의를 사모하는 마음이 없었다면 어찌 이러할 수 있었겠습니까? …"
>
> 『대한매일신보』, 1907년 3월 10일

이 기고문에는 어린아이들이 국민으로서 강력한 애국심과 의무감을 가지고 국채보상운동에 줄지어 참여하고 있는 현실에 대한 기쁨과 감격이 묻어나온다. 이렇게 어린 청소년들의 의연 활동은 지켜보던 어른들에게 큰 감동을 주었다. 나아가 어린아이들마저 국채보상운동에 적극 참여하는데 어른인 우리가 가만히 있을 수는 없다는 분발심을 크게 자극하였다. 이로 인해 기존에는 이 운동에 다소 냉소적이었던 어른들마저 나랏빚을 드디어 해결할 수 있다는 기대와 희망으로 부풀었다. 그리고 마침내 전국 방방곡곡에서 생겨난 보상단체에 자발적으로 참여하기 시작한 것이다.

한편 당시의 언론매체들은 이러한 어린 청소년들의 의연 활동 내용을 상세히 보도하며, 국가의 위기에 대한 경종을 울리는 모범사례로서 활용하였다. 그리고 이와 동시에 이 운동에 소극적인 어른들을 질타하는 모습도 보였다.

계백산인의 보상의연현상기 기고문

… 세상 사람들이 우리들을 나라를 팔아먹는 도적놈이라고 꾸짖는다고 하니 참으로 이 말이 아프게 골수에 사무칩니다. 국채보상에 대하여 담배를 끊고 술을 끊는 사람도 많고, 또 나이 어린 아이들과 의지할 데 없는 여자까지도 의연금을 내는데, 관리라고 일컫는 우리들이 무심하게 앉아서 보기만 하다가 무슨 면목으로 우리 동포를 대하겠습니까? …

『대한매일신보』, 1907년 3월 7일

… 우리 대한의 경향 각지에 대관, 부호로 손꼽을 사람이 1천 명 이상은 넘을 것입니다. 이렇게 더없이 통쾌하고 더없이 장한 두 분의 의로운 마음과 같을 것이면, 1,300만 원은 하루도 지나지 않아서 채울 것입니다. 그러나 수전노의 인색한 마음이 머릿속에 가득하여, 어린 아이들이 10전이나 20전을 의연하는 것을 구경만 하고 도와주지 않으며, 무슨 특별한 행동을 보이지 않고 있습니다. …

『만세보』, 1907년 3월 14일

… 그러나 어린 아이와 노동자들이 애국의 정성을 고무하는 것과 반대로, 관인이라든지 자본가라든지 스스로 상류층이라고 일컫는 인물은 애국의 정성이 없는 것과 같으니, 이 무슨 괴이한 일입니까? …

『만세보』, 1907년 4월 11일

이처럼 언론매체들은 때마침 일어난 어린 청소년들의 의연 활동을 집중 보도하기 시작하였다. 이러한 언론의 반응은 당시 어린 청소년들의 국채보상운동이 단순히 몇몇 아이들이 모여 의연금을 납부했다는 사실 자체의 보도에서 끝나는 것이 아니었다. 이를 목격한 어른들에게 국권 회복을 위해 우리 국민들이 다 같이 나서야만 한다는 공감대를 형성하고 국민의 민권의식을 일깨우게 해주는 원동력으로 작용했다. 따라서 어린 청소년들의 국채보상운동 활동은 단순히 나랏빚을 상환하느냐 못하느냐 이상으로 중요한 의의를 지닌다고 할 수 있다.

□ 하층민 어린이들의 국채보상운동

　우리가 어린이들의 국채보상운동에서 특히 주목해야 할 점은 신분과 계급을 초월한 의연 활동을 벌였다는 점이다. 구한말 대한제국이 봉건적 사회를 극복하고 근대국가로 나아가기 위해서는 민권의 신장과 함께 국민통합이 필수적 과제였다. 실제로 이를 위해 국채보상운동 당시 수많은 사람들이 평등의식을 지향하고자 노력했다. 그 중에서도 특히 한국의 어린이들은 어른들보다 앞서 봉건적 차별의식을 극복하고 신분, 계층을 떠나 하나가 되어 국채보상운동에 나서는 모습을 보였다.

　우선 하층민 출신의 아이들은 어렵고 힘든 환경에도 불구하고 국민의 일원으로서 나랏빚을 갚는 데 힘을 다하였다. 서울의 상리동 이 국장 집의 상노이던 맹칠복은 열 살 가량의 어린나이에도 불구하고 일을 하며 모은 60전을 국채보상의연금으로 납부하였다. 여기서 상노란 관가 같은 곳에서 밥상을 나르거나 잔심부름하는 노비 아이를 말한다.

　비슷한 시기 서울의 대안동 윤승지 집의 상노였던 열네 살 어린아이 김육봉은 일하며 모은 돈 1원을 국채보상금으로 모아 보성관기성회로 납부하였다. 서울의 간동에 사는 청도군수 민영오 집의 상노 이백돌 또한 자신의 옷을 저당 잡히면서까지 국채보상금 50전을 기부하였다. 시동에 살며 품팔이로 생계를 이어가던 김재화라는 어린이는 50전을, 같이 품팔이를 하던 어린이 홍구봉은 30전을 모아 의연금으로 납부하기도 하였다.

□ 귀족집안의 어린이들도 참여

한편 귀한 신분을 타고나거나 부잣집에서 태어난 어린이들 또한 나랏빚을 갚아 나라를 구해야 한다는 일념 아래 국채보상운동에 나서기 시작했다. "교화의 바람이 사방으로 불어 충의가 일어남이 그림자와 메아리처럼 빠르니, 신분의 귀천, 상하, 노소, 남녀를 막론하고, 늙고 아내가 없는 홀아비, 늙고 남편이 없는 과부, 어리며 부모가 없는 고아, 늙어서 자식이 없는 늙은이와 쇠잔하여 병든 사람, 장애가 있는 사람, 광대, 하인 같은 사람들까지 모두 의연금을 내지 않는 사람이 없다"라고 사람들의 증언이 넘쳐났다.

서울 장교에 사는 거부이자 고위관리였던 이근영의 아들 용봉은 9살의 나이에도 불구하고, 세배하고 얻은 돈 4원 90전을 의연금으로 납부하기도 하였다. 서울 관동에 사는 진사 이인의 아들 이덕봉 역시 9세의 나이로 세뱃돈과 용돈을 합해 2원을 의연금으로 내기도 하였다. 또한 서울의 다동 김진수의 아들 김쾌문은, "전국의 인심이 이와 같이 단합하니, 나라가 발전하고 부강해질 것인데 어찌 속히 도모하지 않겠습니까?"라고 부르짖은 후, 50전을 의연금으로 냈다. 그 이웃에 사는 김덕수의 어린 손자 김홍동(10세) 또한 어른들의 의연 기록을 본 후 "국민의 의무가 이와 같으니, 이는 나라 발전의 기초입니다"라고 하면서, 자신과 부모님이 학자금으로 모아 둔 500냥을 모두 국채보상기성회에 납부하기도 하였다.

서울 순청동에 살던 양반 자제 방경룡(9세) 또한 아버지를 도와 나라를 구하겠다는 일념으로 국채보상금 1원을 모아 보성학교기성회로 납부하였고, 해주 구정에 살던 의관 김규현의 둘째 손자인 천덕은 아버지를 따라 세뱃돈 50전을 기성회에 납부하기도 하였다.

□ **어린 딸들의 기부 활동**

이러한 어린이들의 의연 활동에는 남녀의 구분이 없었다. 여자아이 또한 적극적으로 국채보상운동에 참여하였다. 향후 나라를 이끌어갈 미래 세대들이 선보인 남녀동등의식 및 여성주권정신은 근대국가로의 개혁과 변화의 시발점을 보여주는 것이라 할 수 있었다.

서울의 이현에서는 인력거를 몰던 정화선의 10세 딸아이가 나라를 구하기 위해 국채보상금 15전을 모았고, 같은 곳의 박승직의 집에서 품팔이로 일하던 과부의 10세 딸아이는 20전을 납부하였다. 부산 수정리에 거주하던 김치홍의 14세 딸은 바느질을 하여 틈틈이 모은 1원을 국가를 위기로부터 구하기 위해 납부하기도 하였다. 해주 남문 밖에 거주하던 박처간의 어린 여종인 시월이(8세)는 이웃집 혼례 때 받은 60전을 가지고 "국채보상에 모든 동포가 60전씩 갹출할 의무가 있음을 듣고 왔다"며 내놓기도 하였다. 서울 자문동에 살던 종2품 이주현의 딸(6세)은 3살 때부터 1환씩 받아 모아 두었던 세뱃돈 3환을 "내가 비록 어린 여자아이이지만 역시 국민이라, 보태지 않을 수 없습니다."라며 의연금으로 내놓아 주위 어른들의 찬사를 받기도 하였다.

☐ 기타 어린이들의 기부 행렬

　이 외에도 수많은 한국의 어린이들이 열정적으로 의연 행렬에 동참하였다. 서울 남문에서는 포목전을 하는 전득영의 아들이 세뱃돈으로 받은 2원을 모두 국채보상의연금으로 납부하였다. 서소문밖 반정동에 사는 김창현의 아들 김남극은 『대한매일신보』의 국채보상 모집 취지문을 보고 세뱃돈 1원을 가지고 대한매일신보사까지 직접 찾아가 의연금으로 납부하였다. 수원에서는 6세 아동 신천동이 세배하면서 얻은 50전을 국채보상의연금으로 내놓고 자나 깨나 '국채보상' 네 글자를 입에서 뇌길 그치지 않으므로 주변의 어른들이 모두 감탄하기도 하였다. 서울 창동에 거주하던 김갑경(10세)은 자신보다 1살 어린 안옥남(9세), 김병돌(9세)과 함께 의연금을 모아 각자 20전씩 기성회로 송부하기도 하였다. 또한 경기도 양근에 살던 나무꾼 어린이들은 국채보상의 소문을 듣고 감격을 이기지 못하여, 나무와 짚신을 팔아 모은 돈 3원을 거두어 기성회로 납부하였다.

　위에서 살펴본 어린이들은 그 동안은 단지 어리다는 이유 하나만으로 주체적인 한 사람의 국민으로서 인정받지 못해왔다. 하지만 국채보상운동을 기점으로 한국의 어린이들은 기존의 봉건적·유교적 관점에서 '효자/효녀'로만 칭송되는 것과는 완전히 다른 방식으로, 국민의 의무를 다하는 한사람의 주체적 '애국자'로서 새로운 사회의 일원이 된 것이다.

☐ **일본 유학생들의 국채보상운동**

　학생들도 국채보상운동의 방관자가 아니었다. 누구보다 운동에 앞장서 국민으로서의 의무를 다하고자 하는 주역이었다. 학생들의 국채보상운동 활동 중 가장 눈에 띄는 부분은 해외 유학생들의 현실 참여가 많았다는 점이다. 20세기 초 격변기에 대한제국 정부 또한 나라의 근대화를 위한다는 명목으로 수많은 청소년들의 해외 유학을 지원하고 있었다. 이들은 국가의 부강과 독립에 대한 책임이 자신들의 어깨에 있다고 생각했다.

　당시의 해외 유학생들 중 일본유학생 단체인 태극학회에서는 국채보상운동이 일어나자 우리 유학생들부터 국채보상운동에 열심히 참여해야 한다고 주장했고, 대한유학생회에서도 국채보상운동을 홍보하는 글을 지속적으로 기고하였으며, 대한공수회 또한 국채보상의연금을 모아 지속적으로 송부하였다.

… 심부름하는 종, 말구종 등의 품팔이는 품을 판 돈을 내며, 수레꾼, 가마꾼, 물장수 등 노동자는 피땀을 흘려 번 돈을 내며, 순경 병정 등 하급관리는 월급을 내며, 부인은 패물을 판 돈을 내며, 부유한 자는 가산을 기울이며, 가난한 자는 세간을 내어 놓고, 심지어 외국인까지 의에 감동하여 의연금을 내고 있습니다. 그래서 금일의 백금은 내일의 천금이 되고 이번 달의 천금은 다음 달의 만금이 되어서, 국민의 애국심과 원기가 일시에 함께 일어났습니다. 지금의 추세로 본다면

> 국채를 보상함은 오히려 물론이고 이것으로 인하여 일종의 국민 대사업을 건설할 수 있을 듯합니다.
>
> 『대한유학생회학보』 제2호

　이후 1907년 3월, 800여명의 유학생들이 한 자리에 모여 전 국민에게 국채보상에 나설 것을 촉구하였다. 이때 유학생들은 아사이 담배 한 갑씩이면 한 사람이 하루에 6전이요, 한 사람이 한 달이면 1원 80전이니 800명을 1달에 곱하면 1,440원이며, 1년을 통계내면 17,280원이라고 계산하며 이 금액을 모아 국채보상의연금으로 내어 국채의 만분지일이라도 갚겠다고 선언하였다. 4월에는 재일본 동경유학생 동인회에서 학생들의 의연금 22원을 모아 본국으로 부치기도 하였다.

□ 국내 학생들의 국채보상운동

이러한 해외 유학생들의 국채보상운동 참여는 본국에 있는 학생들의 의연활동에도 불을 지폈다. 우선 관서지방 국채보상운동을 적극 주도하였던 안중근 의사가 세운 삼흥학교의 교원과 학생들이 안중근 의사와 함께 국채보상운동에 동참하여 총 34원 60전의 금액을 모았다. 관립영어학교에서는 국채보상금 모집에 대하여 교장 이하 일반 학생들과 사환들에 이르기까지 모두 담배를 끊기로 하고 그 대금으로 국채를 보상하기로 동맹하였다. 종로 근처 동상전에 있던 사립 일신의숙에서는 학생들이 이십여 환에 달하는 의연금을 모아 납부하고 앞으로 외국 담배를 일제 끊기로 교사와 학생들이 결심 동맹하였다.

또한 수원의 영어3학당에서 결성된 찬성회는 경기도 학생들의 단연활동을 요청하는 취지서를 발표하였고, 통진 사립분남학교 학생들은 학교에 사무실을 마련하고 국채보상의연금을 직접 수납하는 활동을 추진하였다.

그 외에도 약현의 사립 광흥학교에서 임원과 생도들이 단연하기로 결정하거나, 북청군 함남보성학교 학도들이 "우리들이 지금 나라를 위하여 이것밖에 할 수 있는 게 없다"며 서로의 머리카락을 잘라 모은 10원을 송부하기도 하였다. 영어학교의 한 일반 생도는 길을 가던 중 농상부 대신이 수레 위에서 여송연 담배를 피우는 것을 보고 "지금 일반 백성들이 모두 담배를 끊고자 다짐하는데, 저 나라를 팔아먹은 대신이란 놈이 혼자 담배를 끊지 않는구나. 저 대관이 피우는 담배는 곧 이 나라를 팔아서 피우는 것이다."라고 크게 고함을 쳐 대신이 도망가게 만들기도 하였다. 이 외에도 수많은 학생들이 국채보상운동과 관련된 다양한 미담사례를 남기고 있다.

□ **여학생들의 국채보상운동**

당시 학교에서 근대교육을 받던 여학생들의 국채보상 활동 의지 또한 결코 남학생들에게 밀리지 않았다. 국채보상운동 전개 당시 양규의숙을 다니던 여학생 김유숙은 국채를 갚아 국권을 회복하자는 일념으로 의연금 30전을 모아 대한매일신보사에 직접 송부하였다. 명신여학교 학생인 백숙경, 백현경 자매는 의연금을 모아 50전씩 기성회로 납부하였는데, 어린 나이임에도 말과 행동이 대단히 헌숙되어 사람들의 칭찬이 자자하였다. 이후 양규의숙의 여학생 33인이 "우리들이 비록 어린 여자이지만 대한제국의 국민 중 하나인지라. 어찌 충의와 격분의 정성이 없으리요"라고 하며 4원 2전을 모아 기부하였다. 평안북도 강계군에서는 여학생 천일신이 가정형편이 아주 어려움에도 불구하고, 신랑집에서 폐물로 보내온 비단옷 1점을 팔아 의연하였다. 여학생 강일태는 모친에게 받은 명주 몇 자를 의연금으로 대신하기도 하였고, 같은 여학생 이순덕은 "우리나라를 사랑함에 어찌 머리카락이 아까우리요"라고 하면서 머리카락을 잘라 팔아 1원 50전을 의연하였다.

이와 같이 당시 여학생들은 자발적인 의연 참여를 통해 국민으로서의 권리와 의무를 남학생들과 함께 나누고자 하였다.

제6장

국채보상운동을 주도한 인물들

☐ 김광제

김광제 (사진 출처: 독립지사 김광제 기념사업회)

국채보상운동이라고 하면 가장 먼저 연상되는 대표적인 인물이 바로 김광제와 서상돈 두 사람이다.

대구 지역의 출판사인 광문사의 사장으로 지역의 신계몽운동을 이끌었으며, 이를 기반으로 1907년 국채보상운동을 주창하였던 김광제는 1866년 충남 남포군(현 보령시)에서 2남 중 차남으로 태어났다. 23세 때인 1888년 4월에 과거에 급제하였고, 이후 1900년 9월 7일자로 정4품 동래경무관에 임명되기까지 다양한 관직을 경험하였다. 하지만 그 과정에서 외세의 침략과 지방관의 불법 행위 등을 확인하였고, 이에 1903년 6월 정3품으로 승진된 것을 마지막으로 관직을 사임하고 사회활동에 투신하였다. 이후 김광제는 1906년 초에 대구 지역에서 본격적인 계몽운동에 투신하여, 교과서·교양서적 발행과 근대교육 보급, 교육 내실화를 위한 대구광문사를 조직, 활동하였다. 나라를 집어삼키려는 일제의 야욕에 대한 경계심도 더욱 강화되어 1906년 6월 19일자 대한매일신보에 일진회의 기관지인 『국민신보』를 비난하는 글을 투고하기도 하였다.

1907년 1월 29일 대구광문사의 문회를 대동광문회로 개칭하기 위한 특별회의에서 부사장 서상돈이 국채보상운동을 발의하였다. 이때 사장인 김광제 또한 자신의 담뱃대와 담뱃갑을 버리고 3개월 치 담뱃값 60전과 의연금 10원을 내놓으며 즉석에서 제안 연설을 하였다. 이후 김광제는 대동월보사를 설립하고 1907년 3월 1일부터 월간잡지인 대동보를 출간했다. 3호부터 김광제가 사장 겸 발행인으로 나오는 대동보는 각종 신문에 보도된 국채보상의연금 총금액 및 주요 의연자 명단을 게재하며 1908년 1월 25일 통권 6호로 종간되기까지 국채보상운동을 이끄는 계몽지 역할을 맡았다.
　국채보상운동이 일제의 방해로 무력화된 후 김광제는 1920년 3·1운동 1주년을 맞이하여 일본 도쿄의 유학생들과 함께 제2의 3·1운동을 일으키려다 일본 경찰에 체포되기도 하였다.

□ **서상돈**

서상돈 (사진 출처: 국채보상운동기념사업회)

　서상돈은 1850년 경북 김천에서 장남으로 태어났다. 서상돈은 어린 나이에 부친을 잃고 주위의 도움으로 보부상(봇짐장수와 등짐장수)을 시작하여 자수성가한 인물이다.

낙동강 배편을 이용해서 종이와 기름 장사를 함으로써 큰 부자가 되었다. 서상돈은 이후 천주교인으로서 교회를 위해 많은 봉사를 하기도 했다.

1889년에는 대구 읍내 새방골과 남산(현 계산성당 자리), 대야불(지금의 중구 인교동)과 영천에 각각 신식 교육을 위한 학교를 설립했다. 1896년 7월 서재필을 중심으로 창립된 독립협회에 참여하여 제4기 독립협회의 투쟁기에 재무부장급으로 활동하였다. 1906년 옛 관덕당(현 동아쇼핑 북편 자리)을 수리하여 협성학교를 설립하고, 수창국민학교 설립 때도 주도적으로 참여하였다. 영남권 최초의 서양식 성당으로 유명한 대구 계산성당은 원래는 기와집 한옥의 형태를 하고 있었으나 1901년 2월 화재로 전소되고 말았다. 이후 새로 고딕식 성당의 건축을 시작하여 1902년 11월에 현재의 계산성당을 완성하기까지 물심양면으로 도왔다.

이후 나날이 국가의 존망이 위험에 빠져들고 있을 때인 1907년 1월 29일, 대구지역 인사 200여명이 참석한 가운데 대구 광문사의 특별 문회가 열렸다. 이때 주요 안건이 처리된 후 부사장이었던 서상돈은 3개월간 금연으로 나랏빚 1,300만 원을 갚아 국권을 되찾자는 국채보상운동을 발의했다.

이때 서상돈은 이 빚 1,300만 원을 갚지 못하면 장차 토지까지 내놓아야 할 것이라고 호소하면서, 정부에서 나랏빚을 갚을 수 없다면 우리 2천만 동포가 직접 나서서 갚아 버리자고 제의하였다. 그리고 바로 그 자리에서 자신부터 이 운동에 나서겠다며 800원을 선뜻 내놓았다. 이 당시 서상돈이 제출한 건의서는 「국채 1,300만 원 보상취지서」라는 제안서로 작성되어 각 지방과 서울의 주요 언론기관에 전국적으로 배포되었다. 그 이후 전국의 국채보상운동 열기를 드높이는 데 큰 역할을 하였다.

☐ 베델

국채보상운동기념관 전시: 베델과 양기탁

 국채보상운동을 전국적으로 확산시킬 수 있었던 것은 언론의 역할이 컸는데, 그 중 대표적 언론이 대한매일신보이다.

 『대한매일신보』를 창간한 대한매일신보사 사장 베델은 1883년 한·영수호조약이 체결된 이후 한국인들에게 가장 깊은 인상을 남겨준 영국인이다. 최초 러일전쟁을 취재하기 위해 한국에 왔던 베델은 국운이 기울대로 기운 대한제국과 한국인들의 독립을 위하여 민족 신문을 발행, 목숨까지 던진 의로운 청년이었다.

 베델은 러일전쟁이 일어나자 영국의 신문인 『데일리 크로니클』의 특별통신원이 되어 한국에 오게 되었다. 하지만 서울에 도착한 후 대한제국이 처한 어려운 현실을 직접 몸으로 느끼고, 직접 『대한매일신보』를 창간해

돕기로 하였다.

이렇게 베델이 창간한 『대한매일신보』는 사장이 영국인이라 일본이 함부로 방해할 수 없었다. 그래서 베델은 신문을 통해 한국인들의 저항을 대외적으로 알려 일본에 대한 국제여론을 불리하게 만드는 한편, 한국인들의 항일운동을 크게 고취시켰다.

1907년 대구에서 국채보상운동이 일어나자 베델의 대한매일신보는 운동의 구심체로서의 역할을 수행하였다. 김광제, 서상돈의 연설문과 국채보상기성회의 취지서 등을 대한매일신보에 실어 전국 만방에 널리 알렸다. 게다가 1907년 4월 8일에는 국채보상지원금총합소를 대한매일신보사 내에 설치하여 국채보상 의연금을 수합하고 관리하도록 하였다.

이러한 상황에 분개한 일본은 일본 앞잡이 일진회까지 동원하여 탄압하였다. 결국 베델 자신도 상하이에서 3주 동안 구금당하는 등 무자비하고 강압적인 압력을 받으며 개인적으로 큰 고통을 겪었다. 결국 베델은 1909년 5월 1일 심장비대증으로 인해 사망하게 되었다. 죽으면서 양기탁의 손을 잡고서 "나는 죽을지라도 대한매일신보는 영원히 보존하여 한국 동포를 구하라"고 유언하였다고 한다. 이후 베델은 서울 한강변의 양화진에 있는 외국인 묘지에 묻혔으며, 훗날 대한제국을 합병한 일제는 베델의 비문을 깎아 없애기까지 했다.

국채보상운동과 항일 투쟁에 일생을 바친 양기탁은 용기와 지조를 지닌 언론인이자 독립투사였다. 베델이 설립한 대한매일신보의 총무로 언론을 통한 항일운동에 진력하는 한편, 국채보상운동과 항일 비밀결사단체 신민회를 이끈 핵심 인물이었다.

□ 양기탁

　양기탁은 베델과 합심하여 『대한매일신보』를 창간하였다. 이때 양기탁이 가진 항일 의식이 장지연의 「시일야방성대곡」 사건에서 드러나게 된다. 일본이 『황성신문』에 실린 「시일야방성대곡」을 핑계로 신문을 폐간시켰다. 양기탁은 베델이 영국인임을 이용하여 탄압이 불가능한 영문판 『대한매일신보』에 문제의 논설과 기사를 그대로 옮겨 싣고, 당시의 일본의 만행을 규탄하였다.

　이후 국채보상운동이 일어나자 대한매일신보사의 베델과 양기탁은 대구의 국채보상운동을 전국으로 확산시켰다. 대한매일신보사 내에 국채보상운동지원금총합소를 설치하였는데, 이때 양기탁은 재무로 활동하며 총합소의 운영 경비를 담당하였다. 또 국채보상운동이 한창이던 1907년 4월, 도산 안창호와 함께 구국운동을 위한 비밀결사 신민회를 창립하기도 하였다.

　당연히 이러한 양기탁의 활동은 일제에겐 눈엣가시일 수밖에 없었다. 그래서 일본 통감부는 명확한 증거도 없이 양기탁을 의연금 횡령 혐의로 구속하였다. 결국에는 재판 결과 양기탁에게 무죄가 언도되었다. 하지만 일제는 처음부터 국채보상의연금의 횡령을 의심하여 재판을 시작한 것이 아니라 전국적으로 불타오르는 국채보상운동의 열기를 무산시키기 위하여 이런 짓을 저질렀던 것이다.

　이후 양기탁은 대한매일신보가 파멸된 후에도 신민회 활동, 독립운동 자금 모금 활동, 중국 망명지에서의 임시정부 활동 등을 하다가 사망하였다.

□ 안중근

　안중근은 우리의 침략 원흉인 일본의 이토 히로부미를 처단하기 이전부터 우리나라의 교육·계몽활동을 국권회복운동으로 승화시키는 데 크게 이바지하였다. 나라의 빚을 갚기 위한 국채보상운동에도 활발히 활동하였다. 1907년 대구를 시작으로 국채보상운동이 점차 전국으로 퍼져나가자 안중근은 국채보상기성회에 들어가 관서 지방을 중심으로 국채보상의연금을 모으는 데 앞장섰다.

　안중근은 우선 자신의 가족들에게 국채보상운동의 취지를 설명했다고 한다. "나라의 일은 공적이요, 집안의 일은 사적이다. 내가 우리 가정과 더불어 솔선수범하지 아니하고는 결코 나든 사람을 지도할 수 없다." 안중근은 가족들의 국채보상운동 동참이 최우선적이며 우선 가족의 지원과 참여가 있어야 국채보상운동이 성공할 수 있으며, 일제의 경제적 침략에서 벗어날 수 있다고 강조했던 것이다. 그의 이러한 열정은 1910년 1월 30일 『대한매일신보』의 국한문판과 한글판에 소개되어 사람들의 찬사를 받기도 했다.

　기사에 따르면 안중근의 어머니와 부인 등 모든 가족들이 주저하지 않고 패물을 헌납하며 적극적으로 국채보상운동을 후원했던 것이다. 이러한 소식은 곧바로 관서지역에 널리 전파되어 민중들을 감동시켰고 국채보상운동을 활성화시키는 기폭제 역할을 하였다. 특히 어머니 조마리아 여사는 삼화항패물폐지부인회를 통해 은가락지와 은투호, 은장도 등을 납부하며 국채보상운동에 가장 열성적으로 참여하였다고 한다.

☐ 이준

조선 말기의 순국열사이자 애국계몽운동가인 이준은 대한제국에 대한 일본의 국권 찬탈 야욕이 계속되자 이상설, 이위종 등과 함께 헤이그에 특파되어 일제의 한국침략을 폭로, 규탄하고 을사조약이 무효임을 선언하고자 노력한 인물이다.

대구에서 국채보상운동이 일어나자 이준은 이를 전국운동으로 확대하기 위해 서울에 국채보상연합회의소를 설립하고 초대 소장이 되어 모금운동을 벌였다. 이때 이준은 여성단체에서의 연설을 통해 '신라가 위대한 통일을 이룩한 배경에는 남녀평등으로 힘을 모았기 때문이다'라고 밝히면서 여성들의 적극적인 참여와 분발을 촉구해 당시 여성들의 큰 호응을 얻었다고 한다.

이후 이준이 고종 황제의 명령으로 네덜란드 헤이그 특사가 되어 갔다. 당시 각국의 신문기자들과 언론들은 헤이그 특사들의 활동에 호의적이었으나, 각국 대표들이 한국의 청원을 통과시켜주지 않자. 이에 통탄을 이기지 못해 헤이그에서 순국하였다. 이준의 부인인 이일정 또한 조선 최초의 여성 용품점을 차렸던 여걸로, 국채보상운동 당시 직접 조직을 꾸려 모금운동을 적극 펼쳤다고 전해진다.

제7장

국채보상운동과 언론의 역할

□ 국채보상운동기록물의 특징

2017년 10월 프랑스 파리에서 열린 제13차 유네스코 세계기록유산 국제자문위원회의 모습
(사진 출처: 유네스코 한국위원회 홈페이지: 유네스코 뉴스 제738호(2017년 12월))

유네스코한국위원회는 2017년 12월 발행된 유네스코뉴스 제738호에서 국채보상운동기록물이 유네스코 세계기록유산으로 등재된 이유를 아래와 같이 밝혔다.

"총 2,475점의 수기기록물, 일본 정부 기록물, 당시 실황을 전한 언론 기록물 등으로 구성된 국채보상운동은 영국 언론인이 한국에서 발행하는 영어신문과 유학생·해외 이주민이 외국에서 발행하는 신문 등을 통해서 서방세계에 차츰 알려지게 됐으며, 이러한 언론 활동은 외채에 시달리는 다른 피식민지국가에 큰 자극이 됐다."

유네스코는 국채보상운동이 당시 일본에 맞서서 싸우며 전 국민이 동참한 기부운동이었다는 점과 함께 언론 기록물이란 관점에서도 국채보상운동기록물이 가진 역사적 가치와 중요성을 인정한 것이다.

대구에서 시작된 국채보상운동이 전국적인 민중운동으로 발전하고, 이후 해외의 여러 국가들 사이에서 유명해진 것은 신문과 같은 미디어의 역할이 큰 역할을 하였다. 운동을 이끈 특출한 주도 세력이나 지도자가 없는 상황에서 국채보상운동이 하나의 거대한 물결이 되어 전국적으로 확산될 수 있었던 이유는 바로 언론 매체의 지원 때문이었다.

당시 『대한매일신보』와 『황성신문』 등 많은 신문들은 위기에 처한 나라를 구하고자 국민들의 단결력을 이끌어내는 데 온힘을 쏟았다. 이로 인해 전국 곳곳에 국채보상단체가 생겨나고, 국민들은 남녀노소, 신분고하를 막론하고 줄지어 운동대열에 참여할 수 있었다. 이는 당시 신문, 잡지와 같은 언론들이 열악한 현실에도 불구하고 국민의 알권리 충족과 계몽이라는 언론본연의 기능과 역할을 다했기 때문이다. 이와 같이 언론이 범국민적인 구국운동을 직접 주도한 것은 한국 언론사상 처음이었고, 그 이후 언론이 벌이는 여러 캠페인의 효시가 되었다.

□ **국채보상운동 발의에 기여한 언론**

국채보상운동은 그 시작부터 언론과 밀접한 관계를 가지고 있었다. 당시 대구에 위치한 출판사인 광문사의 사장 김광제와 부사장 서상돈은, 일본이 대한제국에 강제로 부여한 1,300만 원의 나랏빚에 의해 우리나라가 큰 위기에 처할 것이라는 경각심을 가지게 되었다. 이는 『월남망국사』라는 책이 큰 역할을 했다.

『월남망국사』는 원래 베트남이 프랑스에 망한 과정과 그 이유를 이야기하고, 그 내용을 들은 중국의 양계초가 편찬한 책이다. 이러한 『월남망국사』는 당시 강대국들의 침략에 속수무책으로 당할 수밖에 없던 근대 동아시아 국가의 대응책을 제시한 책이라 할 수 있다.

이렇게 월남망국사가 국내에 소개되자 대한제국의 지식인과 관료들은 큰 충격을 받았다. 을미의병(1895), 을사의병(1905), 정미의병(1907) 등 무장 투쟁의 형식으로만 일제에 대항하던 사람들은 경제적 침략으로 국권을 탈취하려는 강대국들의 식민지화 전략에 놀랄 수밖에 없었다. 그 결과 많은 지식인들은 폐망한 베트남과 당시 조선의 상황이 별반 다를 것이 없다고 생각하게 되었다.

『월남망국사』를 가장 먼저 국내에 소개한 주체는 바로 당시 대표적인 언론기관 중 하나였던 황성신문사로, 1906년 8월부터 9월까지 총 6차례에 걸쳐 「월남망국사 읽기」라는 제목으로 신문에 연재한 것이다. 국채보상운동을 처음 제안한 김광제와 서상돈 또한 『황성신문』을 통해 『월남망국사』

의 내용을 처음 접했을 것이고, 큰 영향을 받았을 가능성이 높다.

이후 국채보상운동을 주도한 대구 광문사에서도 『월남망국사』를 책으로 간행하게 되었다. 이 책의 서문을 쓴 장상철(張相轍)은 광문사 내 대동광문회의 회원으로 국채보상운동의 최초 발기인 중 한 사람이고, 『월남망국사』의 판매소였던 김상만, 고유상, 주한영 등의 서점은 국채보상의연금 접수처였으며, 서점 주인들도 모두 국채보상기성회의 발기인이었다. 또한 『월남망국사』의 한글본 번역자 이상익과 교열자 현공렴은 1907년 2월 22일 서울에서 결성된 국채보상기성회의 발기인이었다.

국채보상운동을 이끌던 대구광문사가 『월남망국사』를 펴낸 의도는 분명하다. 이 당시 지식인들은 월남 즉, 베트남이 망한 원인과 결과가 베트남 한 나라에만 국한된 문제가 아님을 인식하고 베트남의 사례를 마땅히 타석지석의 교훈으로 삼고자 했던 것이다. 이는 김광제, 서상돈이 최초로 국채보상운동을 발의하면서 만든 「국채 1,300만 원 보상취지서」에서도 확인할 수 있다.

> " …(중략)… 근세의 새로운 역사를 보십시오. 나라가 망하면 민족은 이어서 모두 죽으니, 이집트와 월남, 폴란드에서 모두 증명할 수 있습니다. …(중략)… 국토를 한 번 잃어버리게 되면 회복할 방법이 없을 뿐만 아니라, 월남 등 망한 나라 백성의 처지를 어찌 벗어날 수 있겠습니까? …(후략)…
>
> 「국채 1,300만 원 보상취지서」의 내용 중"

이렇게 국채보상운동을 이끈 지식인들은 이집트, 월남(베트남), 폴란드 등 망한 나라의 예를 들며, 이 나라들처럼 식민지가 되지 않으려면 일본에 진 빚을 갚고 국권을 회복해야 함을 역설했다. 이러한 점에서 볼 때『월남망국사』를 신문에서 국내에 처음으로 소개하고 보도한 것은 국채보상운동이 발의되는 데 큰 영향을 미쳤다고 할 수 있다.

☐ 국채보상운동의 전개와 언론의 활동

이 운동을 거국적인 운동으로 전개시킨 데는 황성신문, 대한매일신보, 제국신문, 만세보 등 민족지들이 적극적인 보도와 지원을 하고, 서로 호응하여 「프레스 캠페인」을 전개함으로써 그 취지가 온 국민의 환영을 받아 전국적으로 파급되었다는 것이다. 당시 참여한 언론을 보면 신문이 16개사, 잡지가 4개사가 집중 보도하였다.

국채보상운동을 가장 먼저 보도한 신문은『대한매일신보』였다. 신보는 1907년 2월 21일자 신문에 김광제와 서상돈의 이름으로 된「국채 1,300만원 보상취지서」를 게재하였다. 2월 27일에는「국채보상기성회 취지서」를 실었으며, 이어 28일자 1면 논설란에서 대한매일신보사의 회계로 일하던 심의철이「국채보상에 대하여 동포에게 알림」이라는 논설문을 발표하였다.

『황성신문』은 1907년 2월 25일에「국채보상기성회 취지서」를 게재하면서 같은 날짜에「단연보국채」라는 논설로 이 운동을 지원하겠다는 뜻을 밝혔다. 3월 1일 광고란에는 「국채보상서도의성회 취지서」를 실으면서 의연금을 접수하기 시작하였다.

제국신문은 1907년 2월 28일부터 3월 4일까지 약 5일간에 걸쳐 「국채보상금 모집에 관한 사정」이라는 연속 논설을 게재하였다.

이와 같이 신문들이 전국 각지의 국채보상운동 취지서를 게재하고 국민들의 동참을 호소하자 전국에서 들불처럼 일어나게 되었다. 각 지방에서는 도, 군, 면 단위로 이 운동을 지지하는 단체가 생겨나게 되었다. 이에 자극받아 정부 각료들이나 각 학교 학생들, 군인에 이르기까지 수많은 남성들이 금연하거나 술을 끊어 국채보상금을 마련하였다. 부녀자들은 음식을 줄이거나 비녀와 가락지를 뽑아 앞 다투어 수합소에 내놓았다.

언론의 보도 이후 1907년 3월 말까지 27개의 국채보상의연금 보상소가 결성되었고, 그 이후로도 언론의 지속적인 지원으로 인해 보상소가 늘어났다. 강원도 3개, 경상도 15개, 경기도 5개, 충청도 11개, 전라도 14개, 황해도 7개, 함경도 7개, 그리고 평안도 13개의 국채보상소가 설립되었다. 또 당시 신문을 통해 소개된 여성 국채보상운동 단체만 하더라도 전국적으로 40여 개에 이르게 된다.

이후 각 언론들은 단순히 국채보상운동에 대한 기사를 지면상에 보도하는 것을 넘어 여러 애국계몽단체와 연합하여 국채보상의연금을 직접 수금하는 수금소의 역할까지 맡게 된다. 먼저 서울에서 국채보상기성회에 이어 두 번째로 결성된 국채보상중앙의무사는 의연금의 임시 수금소를 황성신문사로 정했다. 이는 사실상 황성신문사가 국채보상중앙의무사의 본부로 기능하게 된 것이었다. 이에 따라 『황성신문』 광고란에서 의연금을 낸 사람의 이름과 금액을 모두 신문에 게재하고 수합된 의연금을 매월 말에 합계하여 은행에 예치하겠다고 밝혔다.

　한편 베델이 사장으로 있던 대한매일신보사는 처음에는 언론사가 직접 의연금을 수합하는 것에 부정적이었다. 그러나『대한매일신보』도 국민들의 지속적인 요구에 태도를 바꾸어 3월 16일부터 대한매일신보사를 거쳐 국채보상기성회에 의연금을 낸 사람들의 명단과 의연 금액을 게재한 기사를 내기 시작했다. 이후 4월 3일 김광제 등의 발의로 회합을 가진 후 대한매일신보사 내에 국채보상지원금총합소를 설치하였고 이후 국채보상운동의 중심기관으로 자리 잡게 되었다.

　이렇게 대한매일신보사가 중심 역할을 하게 된 배경은 당시 타 신문사들의 추종을 불허할 정도로 많은 부수를 발행하고 있었고, 더욱이 사장인 베델이 영국인이었기 때문에, 일본 통감부가 함부로 탄압할 수 없었기 때문이다.

　이후 대한매일신보와 황성신문 양대 민족지는 국채보상운동 본부와 같은 역할을 하며, 이 운동이 전국적으로 확대되는 데 견인차 역할을 하였다.

□ 국채보상운동에서 언론 활동의 의미

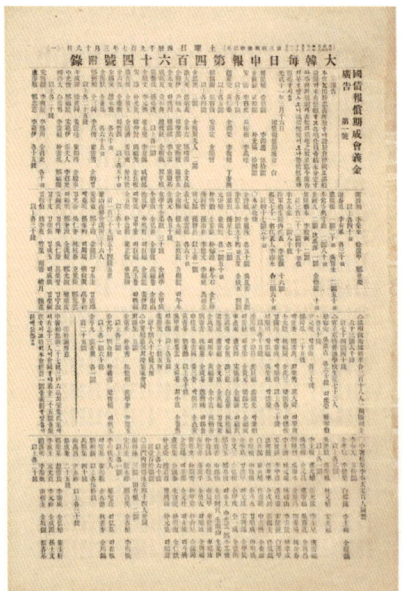

대한매일신보 1907년 3월 16일 부록
국채보상기성회의금광고 제1호
(國債報償期成會義金廣告 第一號)
(출처 : 한국언론진흥재단, 국립고궁박물관)

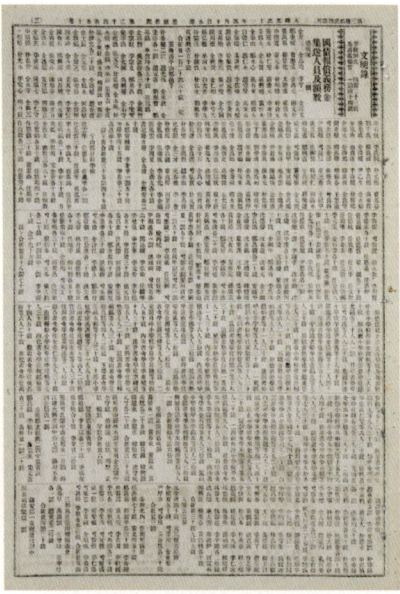

황성신문 1907년 04월 10일 3면.
국채보상의무금 집송인원 및 액수
(國債報償義務金集送人員及額數)
(출처 : 한국언론진흥재단, 한국연구원)

당시 언론에 나타난 국채보상운동의 참여 범위, 모금총액, 참여자들의 신분 등을 파악해 보면 이 운동의 실제 의미가 얼마나 중요한가를 파악할 수 있다. 이는 그저 국채를 갚겠다는 단순한 의지만 표현한 것이 아니라, 근대 신지식의 일환으로 '국민 되기'를 계몽하고자 한 언론 주도 캠페인이었음을 알 수 있다. 이러한 뜻에서 연구자들은 국채보상운동을 주도한 언론의 역할을 「프레스 캠페인」이라 명명하고 있다.

당시 국채보상운동에 참여한 언론들은 지식인이나 대중들의 의식을 계몽시키는 데 큰 역할을 하였다. 잡지, 신문 등의 언론 매체는 국채보상운동과 만나 관료, 지식인, 학생, 군인 등 각계각층을 막론한 전 국민의 의식 성장에 하나의 분수령을 만든 것이다. 격변의 근현대사를 버티고 남아있는 국채보상운동에 관한 언론 기록물은 우리의 과거를 새롭게 인식할 수 있게 하는 중요 자료들이다.

제8장

국채보상운동의 결과와 의미

□ 일본의 탄압책동

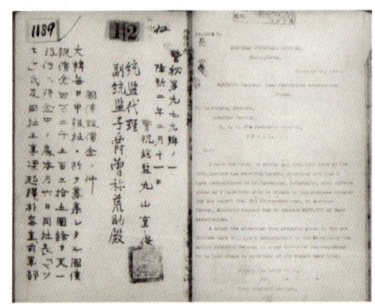

통감부 문서: 국채보상금의 건

국채보상운동이 전국적으로 전개되어 가자 일본 통감부의 경무총장은 1907년 3월 2일 통감인 이토 히로부미에게 다음과 같이 보고 하였다.

> 지금 서울에는 국채보상기성회라는 깃을 발기하는 자가 있습니다. 그 뒤에는 청년회·자강회 등의 단체가 있고, 궁중에서도 몰래 지원을 하는 것 같습니다. 『대한매일신보』도 크게 성원하고 있어 일반의 인심이 이에 따라 의연금을 내는 자가 많습니다. 그 목적은 현 한국정부가 부담하고 있는 일본의 나랏빚 1천3백만 원을 갚는 데 있다고 표방하나, 실제 내용은 국권회복을 의미하는 일종의 일본 배척운동임은 말할 나위도 없습니다.

이와 같이 한국 정세를 정확하게 판단한 일본 통감부는 이 운동을 극력 금지 및 탄압하였다. 일제 통감부는 '을사오적' 중의 한 사람인 이지용에게 이 운동을 즉각 금지시킬 것을 협박하였다. 또 한편으로 4월 4일 일제 앞잡이 단체인 일진회 소속의 송병준·이용구 등도 '한국에 무슨 재정이 있어 거액 차관의 금액을 모을 수 있느냐, 일찌감치 자진 해산해야 할 것'이라며 극력 반대하는 언동을 하였다.

이후 일본은 7월 24일 정미7조약을 강제로 체결하여 사법·행정권 및 관리임면권을 박탈하고 통감의 내정간섭을 합리화 하였다. 또한 한국민의 저항에 대처하기 위해 언론탄압을 합법화한 '신문지법'과 '보안법'을 공포하여 우리 국민의 정당한 의사표시와 항일운동에 규제를 가하였다. 이로 인하여 이 운동의 핵심적 단체였던 대한자강회와 동우회가 강제로 해산 당하였으며, 신문 기사의 삭제와 언론인의 감금·추방을 자행하여 민족지의 항일언론활동을 위축시켜 나갔다.

이러한 상황에서 국채보상연합회의소의 소장을 역임한 김종한의 일진회 가입과 대한자강회의 해산에 따른 자강회원들의 소극화, 그리고 국채보상기성회 총무 오영근의 보상금 횡령혐의사건 등으로 일반국민에게 불신감을 주게 되었다. 이 모든 것 또한 일제의 이간 및 책동에 따른 결과였다. 그 이후 점점 지도층 인사가 동요되고, 조직이 혼미하여져서 1907년 말을 전후하여 국채보상운동은 점점 쇠퇴해 갔다.

이에 대구 단연보상소의 이현주·서상돈·정재학·김병순·최시교·최대림·박승동·박기돈·이종면·서병오·이일우·정규옥 등은 이 운동을 계속 진전시키기 위하여 광고를 내고 전 국민이 대동결의할 것을 주장하기도 하였다.

또한 대한매일신보사 사장인 영국인 베델과 총무 양기탁 등을 주축으로 하는 지도층은 일본 통감부의 탄압과 이간에도 불구하고 시종일관 국민들의 참여를 적극 유도하였다.

☐ **베델의 기소와 양기탁의 구속**

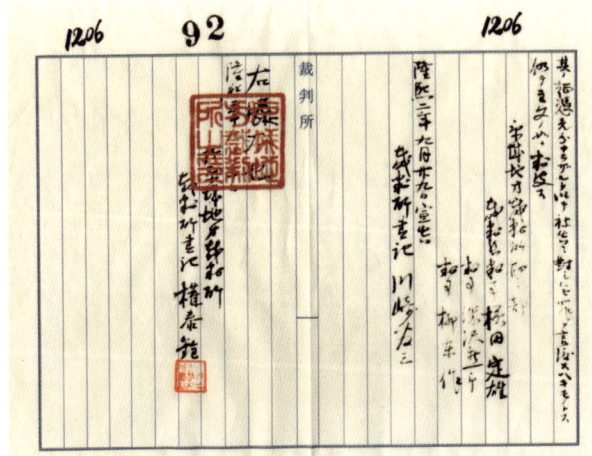

국채보상금
횡령 사건에 대한
양기탁 무죄 판결문

　그러자 일본 통감부는 베델의 국외추방과 양기탁의 제거를 위해 거짓사건을 일으켜 언론 탄압과 국채보상운동 탄압을 강행하였다.
　먼저 일본은 집요하게 '베델추방' 공작을 획책하여 『대한매일신보』의 기사를 샅샅이 들추어냈다. 이 중 이른바 불온기사를 스크랩하여 영국 측에 제시하면서 베델에 대한 조치를 하라고 압력을 가하였다. 그 결과 1907년 10월 베델에 대해 "6개월간의 선행에 대한 보증금 3천원을 공탁하라"는 판결을 받게 된다.
　그러나 베델은 이러한 판결에 굴복하지 않고 논설을 통해서 한국민들의 저항정신을 북돋우고 국채보상운동에 계속 앞장서 나갔다. 그러자 통감부는 1908년 5월 또 다시 베델을 추방하기 위해 공소를 하게 된다. 베델은 통감부의 집요한 공작으로 3주간의 금고형과 선행보증금 2천 불을 납부하라는 판결을 받았다. 그러나 통감부의 베델추방 공작은 금고형과 벌금형에 그침으로써 일본의 본래 의도가 실패로 돌아갔다.

이에 통감부는 다시 '국채보상금소비사건'이라는 것을 조작하여 국채보상운동을 좌절시키고자 하였다. 이 국채보상금소비사건은 베델의 공판이 열린 한 달 뒤인 7월 12일 통감부가 "대한매일신보사가 보관한 보상금을 베델·양기탁 두 사람이 3만 원을 횡령 소비하였다"는 터무니없는 혐의를 씌워 양기탁을 구속하였다.

이에 영국 측은 베델의 재판 때 증인이었던 양기탁을 구속하였다는 것은 일본의 보복처사로 보고 양기탁을 석방할 것을 강경히 요구하였다. 이러한 영국의 항의에 일본은 양기탁 기소의 '합법화'를 위장하기 위해 필요한 증거를 수집하였다. 특히 증거로 내세우고자 한 것은 한국인에 의하여 제출된 국채보상금 반환 청구서였다.

즉 한국인으로서 보상금에 관계있는 자가 경찰에 조사를 청구함으로써 마지못해 이에 응하는 것 같은 형식을 취하고자 하였다. 일본 통감부는 이 반환청구서를 통해 일반국민들에게 불신감을 조성케 하여 국채보상운동을 좌절시키고자 했던 것이다. 나아가 이 운동에 앞장서고 있던 항일언론활동을 탄압하고자 하였던 것이다. 이 외에도 일본은 양기탁 구속을 기정사실화하기 위해 일진회를 조종하여 재판을 일으키기도 하였다.

결국에는 영국측의 항의에도 불구하고 8월 31일 서울재판소에서 '양기탁이 사람들을 속여서 재화를 취하였다'는 누명을 씌워 공판을 개시하였다. 그러나 4회의 공판에도 불구하고 재판장은 무죄를 선고하였다.

☐ **국채보상운동의 쇠퇴**

　이와 같이 일본 통감부는 베델과 양기탁의 유죄 판결에는 실패하였다. 그러나 베델과 양기탁 등을 구속함으로써 언론활동을 통한 민족운동을 좌절시키고, 한국민의 열렬한 국채보상운동을 좌절시켰다. 이를 계기로 국채보상운동은 그만 암초에 부딪치고 말았다.

　대한매일신보사는 그 후 1909년 5월 1일에 베델이 사망하고, 양기탁도 대한매일신보사를 사퇴하고 말았다. 1910년에 이르러서 대한매일신보사는 일본의 관리 하에 들어가게 됨으로써 항일구국 논조를 통한 언론활동의 성격은 사라지고 말았다. 결국 손발이 묶인 국채보상운동도 점차 쇠퇴해 갔다.

　이러한 국채보상운동에 대한 일본 통감부의 탄압책동이 국채보상운동을 좌절시킨 주요 요인이라고 할 수 있다.

□ 국채보상운동 의연금 처리

전 국민의 성원 속에 전개되었던 국채보상운동의 모금은 1907년 3월부터 1908년 7월까지 약 20만 원 정도가 수합된 것으로 추정되고 있다. 이 금액은 비록 나랏빚 1,300만 원에 비하면 적은 금액이기는 하지만, 당시 의연한 사람들 대부분이 하층민이었음을 감안하면 상당히 큰 금액이라 하겠다. 1908년 일본이 조사한 모금액 통계를 보면 대한매일신보사 36,000여 원, 국채보상지원금총합소 42,308원 50전, 황성신문사 82,000여원, 제국신문사 8,420원 6전, 만세보사 359원, 국민신보사 55원, 국채보상기성회 18,700원 22전 5리로 총 188,000원 정도였다. 그러나 이 금액은 정확한 금액이 아닌 것으로 보이며, 각 자료마다 차이가 있기는 하지만 약 20만 원 정도로 예상할 수 있다.

일본의 탄압에 의해 국채보상운동이 중단·무산되는 사태로 인해 가장 충격을 받은 곳은 국채보상운동이 시작된 대구였다. 양기탁이 구속된 직후에 대구상채소의 이현주, 서상돈, 정재학, 김병순 등 13명의 관계자들은 국채보상운동의 계속 여부를 결정하기 위해 각도 대표자 회의를 갖자고 제안하였다.

이후 1909년 11월 국채보상금처리회가 만들어져 국채보상금의 조사와 처리를 논의하기 시작하였다. 국채보상금처리회는 처리 방법 결정을 위한 전국 각 군 대표인 총회를 1910년 4월 16일자로 소집했다. 이날의 선국 대표인 총회에는 각 군에서 1백 15명이 참석하여 국채보상금의 처리를 논의

한 결과 '토지를 매입하여 이자를 불려서 시기를 보아 교육사업을 펴기'로 결정하였다. 그러나 그 해 8월 일본에 국권을 빼앗긴 후 그간 모금한 의연금 모두가 일본에게 빼앗기고 말았다.

□ 국채보상운동의 의미

대한제국 국민들의 국채보상운동에 대한 참여는 매우 자발적이고 열성적이었다. 전국각지에 무수한 국채보상기성회, 단연회, 국채보상찬성회, 국채보상의무소, 국채보상동맹, 단연동맹, 국채보상부인회, 패물폐지부인회, 국채보상탈환회, 의성회, 부인회모집소, 애국부인회, 감선의연회 등 각종 명칭의 국채보상을 위한 단체가 조직되었다.

성인들은 자발적으로 단연을 하였고, 부녀자들은 금은의 비녀와 가락지들을 내놓아 이에 호응하고 참여하였다. 심지어 머리털을 잘라 팔아 이 운동에 호응하여 참여하는 여학생들도 다수 나오게 되었다. 국채보상운동은 국민들에 의해 자발적으로 일어난 운동이기 때문에, 전개과정에서 많은 난관과 혼선도 있었다. 그러나 이러한 난관은 대체로 잘 극복되어 실제로 큰 성과를 내었다.

이 국채보상운동은 1907년 1년간 애국계몽운동의 중심적 위상을 차지하는 매우 중요한 운동이 되었으며 역사적으로 매우 의의가 큰 운동이 되었다. 국채보상운동의 성과와 역사적 의미로서는 다음과 같이 말할 수 있을 것이다.

대구 국채보상운동기념공원과 기념관 전경

첫째, 국채보상운동은 국민의 애국정신을 크게 고양시켰다. 국민들은 국채보상운동이라는 애국운동에 직접 성금을 내어 참여함으로써, 스스로의 실천을 통하여 애국정신을 고양시켰으며, 고양된 애국정신을 더욱 공고화하였다.

둘째, 국채보상운동은 전국적인 시민운동이었다. 국채보상운동은 북쪽은 함경북도로부터 남쪽은 제주도에 이르기까지 전국에서 호응하여 일어났으며, 또 빈부귀천·남녀노소·도시농촌·종교사상을 넘어 모든 국민이 성심성의껏 참가하여, 전 국민적 애국운동으로 전개되었다.

셋째, 국채보상운동은 특히 여성들이 열성적으로 참가하여 국민을 크게 각성시키고 감동시킨 애국운동이었다. 종래 전통적으로 사회활동에서 소외되어온 여성들이 애국에 무슨 남녀 구별이 있겠는가 하며, 분발하여 일어섰다. 그 결과 이 국채보상운동은 여성들의 각성과 해방에도 크게 공헌하였다.

넷째, 국채보상운동을 계기로 국민들은 일제의 경제침략에 더 큰 경각심을 갖고, 저항운동을 전개하게 되었으며, 국채보상운동이 경제적 독립자강운동의 중심을 이루었다. 또한 국채보상운동이 그 후 전개된 모든 민족경제운동과 물산장려운동의 효시가 되었다고 볼 수 있다.

다섯째, 국채보상운동은 국권회복역량, 민족독립역량을 비약적으로 크게 제고시키고 증강시켰다. 이후 수많은 독립운동에서도 국채보상운동의 정신을 이어받아 전 국민이 동참하는 쾌거를 이루기도 했다.

이와 같이 국채보상운동은 암울한 시기 한민족에게 국권회복이라는 목표의식을 분명히 각인시켰다는 점에서 대한제국 시기 애국계몽운동의 대표적인 사례 중 하나라 감히 말할 수 있다. 국채의 상환이라는 공동의 목표를 달성하기 위하여 수많은 이들이 의연금을 자발적으로 냈고 그러한 의연금 납부 행위는 국민의 당연한 권리이자 의무로 여겼다. 이를 통해 국민들은 애국심을 고조시켜갔으며, 단일의 집합체로 결속되어 가면서 민족적 공동체 의식을 강화시켜 나갔다.

당시 국채보상운동에 참여한 수많은 대중들은 기존의 봉건적 의식에서 벗어나 자신들이 국가의 주인이라는 국가의식을 크게 신장시켰으며, 동시에 민족공동체 의식을 깨우치게 되었다. 물론 일제의 집요한 방해와 내부 역량의 부족으로 운동 자체는 좌절하였지만 당시 이를 경험한 참가자들은 기존 유래 없는 제국주의 열강의 경제 식민화 정책에 맞서며 점차 국가와 국민은 서로 떼려야 뗄 수가 없는 공동운명체라는 사실을 공유하기 시작하였고, 의연에 남녀노소 구분 없이 소외되고 어려운 처지에 있던 피지배층

인 민초들까지 자발적으로 일어서는 모습을 보며 비로소 신분과 계층을 초월하는 국민적 의식의 통합을 이루기 시작하였다.[1] 특히 이러한 범국민적 근대 의식이 발현하는 전 과정이 언론사 및 각 지역 단체를 통해 수천여건의 기록물로 상세히 남아있다는 점에서 국채보상운동기록물이 가진 역사적 중요성은 매우 크다 할 것이다.

이러한 국채보상운동의 나눔과 책임 정신은 그저 먼 과거의 것만이 아니라 지금 이 순간 우리 모두에게도 중요한 시사점이 된다. 예를 들어 2020년 부로 코로나-19라는 범세계적 팬데믹 국면을 맞아 한국 사회에 급격히 떠오른 중요 이슈 중 하나가 사회적 거리두기 정책으로 인해 심화하고 있는 소득격차 및 양극화의 극복이며, 이를 위하여 대한민국 각계각층에서는 '소상공인·자영업자 영업 손실 보상' 또는 이익 연대에 근거를 두고 있는 '사회연대기금 조성' 등 다양한 위기극복 방안을 논의하고 있다. 이는 과거 국채보상운동 당시 보여주었던 재화의 나눔과 고통의 분담, 즉 자발적으로 나 자신의 불편을 감수하면서까지 '공동체 연대'를 통해 사회 위기를 극복하려 했던 민족의 DNA가 다시금 각성한 것이라 볼 수 있다.[2] 100여 년 전 일반 민중들이 외채 상환을 위해 기꺼이 경제적 고통을 분담하던 모습은 오늘날 방역수칙을 철저히 지키면서 자발적 불편을 기꺼이 감수하는 한국 국민들의 성숙한 모습으로 다시금 투영되고 있다.

---

1 박영석, 「국채보상운동의 근대국가 정치사상 - 국권론과 민권론을 중심으로 -」, 경북대학교 대학원, 2017.

2 정재요, 「국채보상운동 정신의 현대적 계승에 관한 몇 가지 해석과 논점」, 『대구경북연구』 20권 제1호, 대구경북학회, 2021.

제9장

국채보상운동 정신의 확산

☐ 국채보상운동 정신의 영향

1907년 2월에 시작되어 온 국민이 참여한 국채보상운동은 일제의 탄압으로 소기의 목적을 이루지 못하고 중단되고 말았다. 1909년 11월에 조직된 국채보상처리회에서는 남은 의연금으로 토지를 매입하고 민립대학을 건립하려 하였다. 하지만 이마저도 일본 통감부의 거부로 뜻을 이루지 못하였고, 한일합병 이후 일본에게 강탈당하였다. 경상북도 성주군 같은 곳에서는 모금한 의연금을 일본에 넘길 수 없다며, 의연금으로 성명학교를 세우는 등, 전국 각지에서 남은 의연금으로 애국교육을 하는 데 사용하기도 하였다.

국채보상운동은 처음 의도되었던, 1,300만 원의 나랏빚을 갚아 경제국권회복을 이루겠다는 목표는 달성하지 못하였으나, 민족적 결집에 의한 민족의식의 함양과 독립사상을 고취하였다. 신분·계급·성별·연령·종교와 국적까지도 초월하여 전개된 국채보상운동은 일본의 온갖 책동으로 좌절되었다. 하지만 이때 형성된 국민의 결집된 힘과 애국정신은 1919년의 3·1운동, 1920년대의 물산장려운동과 민립대학 설립운동 등 일제식민지 아래에서 독립운동을 끊임없이 지속할 수 있었던 민족의 저력이 되었다.

또한 IMF 금융위기 때 경제난국을 극복하고 경제주권을 확립하기 위한 우리나라 국민의 강한 의지는 국채보상운동의 강렬한 민족정신에서 나

온 것이다. 그리고 국채보상운동은 한국 최초의 NGO운동, 한국 최초의 전국적 경제주권회복운동, 한국 최초 시민민족주의운동, 한국 최초의 국민적 기부운동, 한국 최초 여성운동, 한국 최초 근대사회통합운동, 한국형 부채문제 해결모델, 그리고 세계 최초 반 투기자본 시민운동의 성격을 가진다.

 이러한 국채보상운동 정신의 확산 및 영향에 있어서, '1919년의 3·1운동'과 '1920년대의 물산장려운동', '1997년 IMF 당시 금모으기운동', '외국의 국채보상운동' 등에 대해 얘기해 본다.

☐ 3·1운동

　1910년 8월 29일 일본에게 대한제국이 강제합병 당한 후, 조선은 일본 제국의 무단 통치에 신음하고 있었다. 교사들까지 제복을 입고 칼을 차게 했을 정도였고, 일본 육군 헌병이 경찰보다 훨씬 많이 주둔하는 헌병 경찰 제도로 집회와 단체 운동을 일절 엄금했다.

　이런 가운데 제1차 세계대전이 끝나고 파리 강화 회의에서 미국 대통령 우드로 윌슨은 '각 민족의 운명은 그 민족이 스스로 결정하게 하자'라는 이른바 민족자결주의를 제안했다. 이에 조선의 독립운동가들 사이에 희망의 분위기가 일어나기 시작했다. 그런 와중인 1919년 1월, 고종황제가 사망했다. 당시는 아직 대한제국이 멸망한 지 오래 지나지 않은 시점이었기 때문에 옛 군주의 상징적 무게감이 적지 않았고 그에 따라 민심은 극도로 격앙되었다. 그래서 삽시간에 전 국민적 만세운동이 일어났는데 이른바 3·1운동이다.

　3·1운동은 1919년 3월 1일부터 수개월에 걸쳐 한반도와 세계 각지의 한인 밀집 지역에서 시민 다수가 자발적으로 봉기하여, 한국의 독립을 선언하고 일본에 저항권을 행사한 비폭력 시민 불복종 운동이다.

　참가자들은 '조선 독립 만세'라는 구호를 앞세워, 일본의 총칼에 의한 지배를 거부하였다. 이는 민간과 지식인의 반향을 일으켜 대규모의 전국적 시위로 발전하였다. 시위가 끝난 뒤에도 그 열기는 꺼지지 않고 각종 후원회 및 시민단체가 결성되었고, 민족 교육기관, 조선여성동우회와 근우회 등의 여성 독립운동 단체, 의열단 등의 무장 레지스탕스와 독립군이 탄생했으며, 마침내는 현대 한국의 모체인 대한민국 임시정부를 낳은 운동이다.

대한민국 임시정부와 대한민국 정부에서 사용한 대한민국 연호는 3·1운동이 일어난 1919년을 원년으로 삼는다. 3·1운동은 한일합병 이후 전개되는 근대사에서 가장 중요한 사건 중 하나로 꼽힐 뿐만 아니라, 20세기 세계사에서도 중요히 여기는 사건이다.

□ 물산장려운동

국권상실 후 일제의 경제침략은 더욱 거세어 일본자본에 의해 우리 민족의 생활권은 잠식되어갔다. 1920년대 들어 회사령이 폐지되자 일본 자본이 본격적으로 조선에 진출하였으며, 1923년 일본과 조선 사이에 관세가 대부분 철폐되자 일본 상품이 대량으로 밀려들어 왔다. 이러한 긴박한 상황에서 민족의 자각을 촉구해 민족의 단합된 힘으로 근대기업을 일으켜 자주·자립경제를 수립, 일제의 침략으로부터 우리 민족의 경제권을 수호하고자 하였다.

1920년 봄 조만식 등 민족지도자들은 민족기업의 건설과 육성을 촉구하는 조직체 결성을 논의하였다. 그 결과 이 해 8월 평양에서 조선물산장려회를 발족하였다. 이어 1923년 서울에 조선물산장려회가 조직되면서 물산장려 운동이 전국적으로 퍼졌다. 지방에서도 자작회, 토산 장려회 등의 단체들이 조직되어 '내 살림 내 것으로', '조선 사람 조선 것으로'등의 구호를 앞세우며 토산품 애용, 근검저축, 금주·단연 등을 실천하자고 주장하였다.

즉, 일간지를 통해 전국의 민중으로부터 조선물산장려 표어를 모집했으며, 국산품 애용을 장려하는 지방순회강연회를 개최하였다. 이러한 청년회의 활동으로 물산장려운동의 기풍은 점차 민중 속에 확산되었다. 이러한 운동의 결과 무명옷을 비롯한 국산품의 소비가 늘어났으며, 토산품 애용 의식이 확대되기도 하였다.

일본은 이 운동을 일종의 일본제품 배척운동이며, 항일민족독립운동으로 보고 탄압하였다. 그 뒤 조선물산장려회는 특별한 활동 없이 명맥만 이어졌다. 하지만 이 운동은 3·1운동 이후에 나타난 새로운 민족운동의 일환으로 민족역량 개발을 목적으로 하였다. 동시에 민족기업의 활동을 대변해 주고 민족기업의 설립을 촉진한 경제자립운동이었다는 점에서 그 의의를 찾을 수 있다.

□ 금모으기 운동

　금모으기 운동은 1997년 IMF 구제금융 요청 당시 대한민국의 부채를 갚기 위해 국민들이 자신이 소유하던 금을 나라에 자발적인 희생정신으로 내어놓은 운동이다. 당시 대한민국은 외환 부채가 약 304억 달러에 이르렀다. 외채 상환이 불가능한 일부 금융 기관과 달러 부족, 원화 환율 폭등 등의 문제가 커지면서 대한민국은 단독으로 이런 문제들을 해결할 수 없었다.

　결국 1998년 1월 KBS에 의해 금모으기 운동을 전개하게 되었다. 금모으기 운동에 참여하는 일반인들은 금(순금 24K)을 내놓으면, 이 금을 수출 후 당시 원화로 돌려받는 방식으로 진행되었다. 언론에서는 사회 각계의 금모으기 운동 참여 소식을 전했고, 국민에게 금모으기 운동에 동참할 당위성을 부여했다. 3월 이후의 보도는 금모으기 운동을 통해 외환위기를 극복할 수 있다는 희망을 심어주는 내용이 대부분이었다.

　전국 누계 약 350만 명이 참여한 이 운동으로 약 20억 달러 어치의 227여 톤의 금이 모였다. 이를 통해 예정보다 3년이나 앞당겨진 2001년 8월 IMF로부터 지원받은 195억 달러의 차입금을 모두 상환했다. 이 운동을 이른바 '제2의 국채보상운동'이라고 일컫는다.

　금모으기 운동은 국민들로부터 외환위기 극복의 원동력으로 평가받고 있다. 한국개발연구원(KDI)이 IMF 외환위기 발생 20년을 맞아 '국민의 인식과 삶에 미친 영향'을 파악하기 위해 실시한 대국민 인식조사에 따르면, 'IMF 외환위기' 하면 가장 먼저 '금모으기 운동(42.4%)'을 연상할 정도로 전 국민적 운동이었다.

☐ 외국의 국채보상운동

　청나라 말기 중국에서 전개된 국채상환운동은 헤이그만국평화회의 이후 강대국들이 열악한 중국 재정을 이유로 간섭할 것이라는 우려가 확산되면서 시작되었다. 한국의 국채보상운동이 1907년에 일어난 지 2년 반이나 지난 뒤의 일이었다. 이는 1909년 말에 이르러 비로소 상인들의 경제적 위기의식을 느꼈다는 것이다. 이 운동은 상인단체를 중심으로 발기되어 교육계, 노동계, 정계, 여성계 등 거의 전 국민들이 호응하면서 그 역량을 확장해 나갔다. 도시 측면에서는 처음 텐진에서 제창된 이 운동은 상하이, 항조우, 베이징 등지에서 적극적인 동조가 이루어졌다. 그 후 이를 바탕으로 거의 전국적인 범위의 운동으로 확산되었다.

　한국의 국채보상운동과 다른 점은 중국은 지방장관 등 관료층과 신사 층의 적극적인 참여가 돋보인 점이라고 할 수 있다. 그러나 지나치게 애국주의를 내걸고 의연금 갹출 형식의 방법론에 고착되면서 소기의 성과를 보여주지 못하였다.

　그럼에도 불구하고 청말 중국에서의 국채상환운동은 19세기말 20세기 초 외세배척운동, 외국차관 반대운동, 외국상품 불매운동, 그리고 국권회수운동의 연장선상에서 전개된 애국운동이었음은 분명하다.

　멕시코에서는 1938년 카르데나스 대통령이 외국자본을 몰아내고자 전격적으로 외국계 석유 회사에 대해 국유화 조치를 취했다. 국민들은 당시 이러한 조치를 환영하였지만 문제는 그로 인해 부담하게 될 엄청난 규모의 외채 부담이었다. 이에 따라 멕시코에서는 민간 차원의 외채 보상 활동이 벌어졌다.

    1938년 4월 수천 명의 여성들이 국립예술극장 앞에 모여 정부가 외국계 석유 회사들에 대한 채무를 갚는 데 사용할 수 있도록 기부 운동을 전개했다. 당시 미국 대사의 목격담에 따르면, "그 날 어떤 국가에서도 보기 드문 광경이 펼쳐졌다. 대통령 영부인이 앞장서고 그 뒤를 남녀노소·빈부의 구분 없이 마치 종교적 축제와 같았다. 그들은 예물반지, 팔찌, 귀걸이를 벗어 국가의 제단에 바쳤다. 이 멕시코의 여성들은 하루 종일 큰 그릇이 차고 넘치도록 바치고 또 바쳤다. 밤이 깊었을 때도 금은보화에서 닭과 옥수수에 이르기까지 다양한 헌납품을 맡기기 위해 여성들은 여전히 기다렸다."고 전했다. 여성들뿐만 아니라 정부의 정책에 비판적이었던 가톨릭 신자들도 기금 모금 대열에 적극 동참하였고, 노동조합도 전체 조합원에게 5페소씩 기부할 것을 독려할 정도로 적극 참여한 운동이었다.

    베트남에서는 1945년 8월에 '황금주(Gold Week)' 운동이 일어나 민간 주도의 대규모 기부 운동이 일어났다. 이는 프랑스의 침입에 대해 대항하기 위해 필요한 자원을 확보하기 위한 목적이었다. '황금주' 1주 동안 베트남 전역의 국민들은 본인이 가지고 있었던 금·은·보석·쌀 등의 재산들을 내어놓는 희생을 보여주었다. 부유한 사람들에서 나온 수천 돈의 금으로부터, 가난한 서민들에서 제공된 귀걸이나 반지에 이르기까지 자발적인 참여가 있었다. '황금주' 기간 중 베트남 돈 약 2천만 동의 돈과 370kg의 금이 모금되었다.

멕시코와 베트남에서의 국민적 모금 운동은 일반 국민이 자신이 소유한 개인 물품을 국가의 대의를 위해 기꺼이 내어놓는다는 점에서 국채보상운동과 유사한 점이 발견된다. 특히 멕시코의 경우 여성이 중심이 되어 패물과 귀중품을 자발적으로 희사하고 있다는 점에서 국채보상운동에 참여한 남일동 패물폐지부인회를 연상시킨다.

<부록>

유네스코 세계기록유산이란?

□ 세계의 기억, 세계기록유산

우리가 흔히 세계기록유산이라고 알고 있는 유네스코 세계기록유산 사업의 정식명칭은 '세계의 기억(Memory of the World)'이다. 즉, 인류의 다양한 기억들을 잘 보호하고 세계인이 공유할 수 있도록 하자는 취지이다. 우리 인류는 선조들의 수많은 기록을 통해 문명을 발전시켜 왔다고 해도 과언이 아니다. 우리의 집단적인 기억은 우리의 문화적 정체성을 보존하고 과거와 현재를 이어주며 미래를 형성하는 데 핵심적인 역할을 해왔다.

하지만 대부분의 국가에서 건축물과 기념물, 그리고 고고학적 유산과 같은 부동산 유산에 대해서는 체계적인 법적 장치나 정책을 통해 적극적인 보호를 하고 있는 반면에, 기록유산의 중요성에 대한 인식은 상대적으로 저조한 편이다. 이러한 이유로 많은 기록유산들이 적절히 보호받지 못하고 자연재해나 전쟁과 같은 인위적인 파괴로 인해 훼손되고 있다. 특히 기록유산은 그 특성상 화학적으로 불안정하고 쉽게 분해되는 천연재료, 합성재료, 또는 유기물로 만들어져 홍수나 화재와 같은 자연재해, 약탈과 사고 또는 전쟁과 같은 인간이 초래한 재난, 관리와 보존 작업의 소홀이나 무지로 인하여 쉽게 훼손된다.

기록유산이 국제적으로 주목받기 시작한 것은 그리 오래되지 않았다. 또한 기록유산 사업이 영화로부터 시작되었다는 것을 아는 사람은 그리 많지 않다. 현재 영화 분야는 1895년 프랑스 파리의 그랑 카페에서 뤼미에르 형제가 세계 최초로 영화를 상영한 이래 최고의 전성기를 맞고 있다. 유네스코는 초창기부터 평화와 관용을 주제로 필름과 관련된 여러 행사를 조직함으로써 영화에 대한 관심을 기울여 왔다. 하지만 영화 분야는 기술의 진보로 인해 점차 활성화되었지만 기록물로서 영화의 가치는 세상의 주목을 받지 못했다. 결국 보존 인식의 부족으로 초창기 필름의 4분의 3 정도가 사라질 위기에 놓이자 유네스코는 기록유산 사업을 시작하였다.

- 세계적으로 중요한 기록유산을 적절히 보존하는 것
- 지정된 기록유산에 누구나 접근할 수 있도록 접근성을 강화하는 것
- 기록유산의 목록화 작업을 장려하고 기록유산의 중요성에 대한 전 세계인의 인식을 높이는 것

기록유산이 국제적인 관심을 받게 된 결정적 계기는 1992년 8월 보스니아 내전 와중에 벌어진 국립도서관 파괴 사건이었다. 당시 사라예보가 무차별 폭격을 당하던 때에 유서 깊은 국립도서관이 불길에 휩싸이면서 13세기부터 모아 소장해 온 도서 150만 점이 모두 잿더미로 변해 버리고 말았다. 이 소식을 접한 세계의 지식인들은 큰 충격을 받았으며, 이를 계기로 인류의 정신적 자산인 기록유산의 보존 필요성을 각성하기에 이르렀다. 그리고 유네스코는 1995년부터 위험에 처한 기록물과 컬렉션들을 지정해 보존함으로써, 전 세계에 있는 기록유산의 손실을 최소화하기 위해 세계기록유산의 목록화 사업을 시작하였다. 이 사업의 중요한 목적은 다음 3가지로 나누어 볼 수 있다.

세계기록유산의 상징 도안은 기억의 공백 및 기억의 손실을 형상화한 하

이코 휴너코프의 작품으로 2009년 채택되었다. 과거 구전으로 전해져 내려오던 인류의 역사는 양피지와 파피루스 종이가 발명되며 기록되기 시작했으며, 이것이 바로 도안의 기초가 되었다. 두루마리 형태는 저작권을 뜻하는 동시에 지구, 축음기, 두루마리 필름, 그리고 원반을 형상화한 것이다.

세계기록유산 등재 사업은 2년마다 개최되는 국제자문위원회(IAC) 회의를 통해 세계적인 가치가 있는 기록물을 선정, 그 목록을 작성하는 것으로 진행된다. 대중적으로 알려신 세계기록유산으로는 『마그나카르타』, 『인간과 시민의 권리선언』, 『구텐베르크 성경』, 『안네의 일기』 등을 들 수 있다. 우리나라는 2017년 『조선통신사에 관한 기록』과 『국채보상운동기록물』, 그리고 『조선왕실 어보와 어책』이 함께 등재되면서 모두 16건의 세계기록유산을 보유하고 있다. 현재 우리나라는 아시아지역 세계기록유산 최다 보유국이고, 전 세계로 따져도 네 번째로 많은 세계기록유산을 가지고 있다.

그런데 대부분의 사람들이 세계기록유산으로 등재되었다는 사실에만 주목할 뿐, 유네스코가 우리 기록물의 어떠한 세계적인 가치를 인정해서 목록에 등재했는지에 대해서는 잘 모른다. 그러다가 2015년 '역사 왜곡'이라는 일본 정부의 주장에도 불구하고 중국이 신청한 『난징대학살 기록물』이 세계기록유산에 등재되면서 새롭게 국제사회의 관심을 받게 되었다.

□ 세계기록유산 등재 방법

　세계기록유산 사업에서 기록유산이란 언어로서 다양한 형태(글, 그래픽, 시청각, 디지털 등)로 표현될 수 있는 내용 즉, 기록을 담고 있는 정보와 그 기록을 전달하는 매개체를 말한다. 또한 기록유산은 하나의 문서 또는 논리적으로 연관성 있는 다수의 문서들로 구성된다. 세계기록유산 등재지침에 따르면, 여기에서 '문서'는 "필기와 같은 서명이나 코드, 또는 소리, 그리고(혹은) 기록, 사진 또는 필름과 같은 이미지로, 움직일 수 있고, 보존 가능하며, 재생산되고 복사될 수 있는 소재"로 정의된다. 세계기록유산의 등재 대상은 한국의 동산문화재보다 훨씬 넓은 개념으로 서적뿐만 아니라 지도, 필름, 음반, 레코드, 사진이나 수집물과 같은 모든 종류의 기록물을 포괄한다.

- 필사본, 도서, 신문, 포스터 등 기록이 담긴 자료와 플라스틱, 파피루스, 양피지, 야자 잎, 나무껍질, 섬유, 돌 또는 기타 자료로 기록이 남아 있는 자료
- 그림, 프린트, 지도, 음악 등 비문자 자료
- 전통적인 움직임과 현재의 영상 이미지
- 오디오, 비디오, 원문과 아날로그 또는 디지털 형태의 정지된 이미지 등을 포함한 모든 종류의 전자 데이터

세계기록유산 사업의 운영은 1997년 채택된 「기록유산 보호를 위한 일반지침」에 근거한다. 이 지침은 사업 목적 및 배경을 비롯해 보존과 활용의 원칙, 목록의 등재기준과 준비, 사업의 구조와 관리 방안, 재원조달과 마케팅 등에 대한 내용을 담고 있다.

세계기록유산 사업에서 등재하는 목록은 국제목록, 지역목록, 국가목록 등 세 가지로 구분된다. 이 목록들은 모두 역사적 중요성을 지니며, 하나의 기록유산이 세 목록 중 두 곳 이상에 등재될 수 있다. 또한 각 목록에는 위계가 없으므로 국제목록이 국가목록보다 중요성에 있어서 더 뛰어나다고 말할 수는 없다. 따라서 국제 목록으로 등재한 이후에 지역 목록으로 등재하는 것도 가능하다.

기록유산을 세계기록유산으로 등재하기 위해서는 우선, 해당 기록유산의 세계적 의미와 영향력이 국제적, 지역적, 국가적인가를 파악하는 데 초점을 두어야 한다. 세계기록유산 사업에서는 기록유산의 문화적 중요성을 절대성이 아닌 상대성을 기반으로 비교해 심사한다. 세계기록유산에는 국제목록에 해당하는 등재기준이 적용되며, 지역목록과 국가목록의 경우에는 지역 및 국가에 적합한 논리적 다양성을 감안해 이 기준을 적용한다. 세계기록유산으로 등재되기 위해서는 신청 유산이 진정성, 독창성 및 대체불가성, 그리고 세계적인 가치를 지니고 있어야 한다. 즉 유산의 본질과 유래가 정확히 밝혀진 진품이어야 하고, 특정 시대 및 지역에 지대한 영향력을 미치며, 손실 혹은 훼손될 경우 인류에 심각한 손실을 초래할 만큼 중요한

등재기준		세 부 사 항
주요기준	진정성	유산의 본질과 유래가 정확히 밝혀진 진품일 것
	독창성/ 대체 불가성	특정 시대 및 지역에 지대한 영향력을 미치며, 손실 혹은 훼손될 경우 인류에 심각한 손실을 초래할 만큼 중요한 유산일 것
	세계적 가치	- 시간 : 유산의 오래됨이 아닌, 특정 시대의 중요한 사회문화적 변화를 보여주는지의 여부 - 장소 : 세계사 및 문화에서 중요한 장소에 대한 주요 정보를 담고 있을 경우 - 사람 : 인류의 발전에서 중요한 역할을 했던 사람(들)에 대한 정보를 담고 있을 경우 - 주제와 테마 : 과학, 사회학, 예술 등의 발전상에 관한 주제를 구현하고 있는 경우 - 형식과 스타일 : 탁월한 미적, 형식적, 언어적 가치를 지니거나 표현 형식에 있어 중요한 표본이 되는 경우
보조 요건		- 희 귀 성 : 내용이나 물리적 특성이 희귀한 경우 - 완 전 성 : 온전히 하나로서 보존되어 있는 경우 - 위 험 성 : 유산의 보존상태가 각종 위험요소에서 안전하거나 안전을 담보할 수 있는 조치가 이루어지는 경우 - 관리계획 : 유산의 중요성을 보전 및 활용할 수 있도록 적절한 계획이 이루어지는 경우

유산이어야 한다. 또한 시간, 장소, 사람, 주제와 테마, 형식과 스타일에 있어서 세계적 가치를 인정받아야 한다. 이외에도 보조 요건으로 희귀성, 완전성, 위험성 및 관리계획도 충족해야 한다.

세계기록유산 사업은 2년에 한 번, 국가 당 최대 2건을 신청할 수 있다. 또한 신청기관은 국가는 물론 개인이나 단체도 신청할 수 있다. 세계기록유산 목록에 등재되더라도 계속해서 세계기록유산의 지위를 보유하게 되는 것은 아니다. 등재된 기록유산의 보존 상태가 위험한 경우, 또는 새로운 사실이 발견되어 등재 기준에 미달하는 경우에는 목록에서 삭제될 수도 있다.

☐ 세계기록유산 등재 절차

세계기록유산의 등재절차는 다음과 같다. 먼저 해당 기록유산이 국내 등재신청 대상으로 선정된 이후에 영문 혹은 불문으로 작성된 신청서를 사무국에 제출한다. 사무국은 신청서가 문서로서 완결성을 지니는지 확인한 후 국제자문위원회 산하 등재소위원회에 송부한다. 등재소위원회는 이를 상세히 검토한 후 의견서를 국제자문위원회에 제출하게 된다. 국제자문위원회는 이를 토대로 등재 여부를 심사하고 유네스코 사무총장에게 등재 여부를 건의한다. 유네스코 사무총장이 국제자문위원회의 심사결과를 바탕으로 등재를 결정하면 최종적으로 등재절차가 마무리 된다.

등재 신청 대상 선정
(국내 세계기록유산 신청 대상 유산 선정 및 신청서 작성)
▽
문화재청에서 등재 신청서류 유네스코에 제출
▽
사전심사(유네스코 세계기록유산 국제자문위원회(IAC)
등재심사소위원회에서 사전심사)
▽
국제자문위원회 최종심사(제출 익년 유네스코 세계기록유산
국제자문위원회(IAC)에서 최종 심사 및 등재 권고)
▽
유네스코 사무총장 승인(세계기록유산 등재 최종 결정)

□ 세계기록유산 등재의 의미

세계기록유산 사업은 전 세계의 모든 기록유산을 보호하는 사업이 아니다. 유네스코가 세계적인 가치를 인정한 목록을 유지 및 관리하는 데 목적이 있다. 즉, 기록유산 중에서도 우리 인류가 그 가치를 널리 알리고 잘 보존해서 후손에게 전달해야 하는, 세계적인 가치가 있는 유산들을 선별해서 등재하는 제도이다. 이는 세계유산협약의 정신과 일맥상통한다. 유네스코 유산제도는 유산을 소유하고 있는 국가의 주권을 인정하는 동시에, 미래세대에 물려줄 인류의 자산이라는 거시적인 의미를 담고 있다. 이를 위해서는 유산 목록의 신뢰성을 유지하는 것이 매우 중요하다. 따라서 '유네스코가 인정한 세계적인 기록유산'이라는 희소성과 독일한 브랜드 가치가 무분별한 등재로 인해 훼손되지 않도록 관리하는 것이 세계기록유산 사업의 중요한 임무이다.

□ **세계기록유산 등재 현황**

현재 유네스코 세계기록유산 목록에는 전 세계 128개국과 8개 기구 및 단체의 기록유산 427건이 등재되어 있다. 하지만 세계기록유산의 지역별 등재 불균형은 매우 심각한 상황이다. 유럽과 북미지역은 전체 등재건수의 절반이 넘는 기록유산을 보유하고 있으며, 한국과 중국이 속해 있는 아시아태평양지역이 그 다음으로 많은 등재건수를 기록 중이다. 반면에 아랍과 아프리카지역의 등재 건수는 두 지역을 합쳐도 전체의 10%가 되지 않는다. 등재가 상대적으로 저조한 지역들을 대상으로 기록유산 등재 지원 프로그램과 교육홍보 활동을 더욱 강화해 세계기록유산의 등재 불균형을 보완해 나가는 작업이 시급하다.

세계기록유산 보유 국가(2019년 현재 3건 이상 국가만 표시)

등재건수	국가
23	독일(최다)
22	영국
17	폴란드
16	대한민국, 네덜란드
15	오스트리아
14	러시아
13	중국, 프랑스, 멕시코

11	스페인
10	포르투갈, 브라질, 이란
9	미국, 인도
8	덴마크, 체코, 이탈리아, 호주, 인도네시아
7	일본, 캐나다, 헝가리
6	터키, 스웨덴, 노르웨이
5	스위스, 벨기에, 남아프리카 공화국, 바베이도스, 태국, 말레이시아
4	볼리비아, 이집트, 이스라엘, 조지아, 필리핀, 미얀마
3	쿠바, 베네수엘라, 페루, 칠레, 우루과이, 카자흐스탄, 자메이카, 핀란드, 아르메니아, 세네갈, 몽골, 수리남, 세르비아, 뉴질랜드, 슬로바키아, 베트남, 우즈베키스탄

세계기록유산 등재 추세를 살펴보면, 지난 2003년까지만 해도 45개국의 기록물 91건이 등재되었으나 2년 뒤에는 55개국 119건으로 확대되었으며(문화재청, 2005), 15년이 지난 현재에는 128개국 427건으로 급증하였다. 또한 초창기에는 고서 위주의 등재가 이루어졌으며, 시간이 흐를수록 점차 다양한 종류의 기록물이 등재되고 있다. 등재 유산에는 인쇄매체와 필사본을 비롯해 시청각 자료, 문자, 지도 및 설계도면, 비문도 포함되어 있다.

한국은 비교적 초창기인 1997년부터 세계기록유산 사업에 참여해 꾸준히 등재를 해온 결과, 현재 아시아에서는 가장 많은 16건의 세계기록유산을 보유하고 있다. 우리나라는 사업 초창기에 『조선왕조실록』, 『훈민정음

해례본』, 『승정원일기』 등과 같은 고문서를 주로 등재하였다. 획기적인 변화가 일어난 것은 2011년 1980년대 인권기록유산인 『5·18 민주화운동 기록물』을 국가기록원 외 여러 정부기관 부처 및 관련단체가 공동으로 세계기록유산으로 등재시키면서부터였다. 이후 2013년에는 『새마을운동 기록물』, 2015년은 『KBS 특별생방송 '이산가족을 찾습니다' 기록물』, 2017년에는 『국채보상운동기록물』이 등재되는 등 근대기록물의 등재가 점차 늘어나고 있다. 우리나라는 자타가 공인하는 기록유산의 강국이다.

한국 세계기록유산의 세계적 가치 요약

유산명	등재연도	세계적 가치
『훈민정음』 [해례본]	1997	독창적으로 새 문자를 만들고 한 국가의 공용문자로 사용하게 한 것은 세계적으로 유례가 없는 일, 한글의 창제 원리를 담은 기록
『조선왕조실록』	1997	472년간의 역사를 수록한 것으로서 한 왕조의 역사적 기록으로는 세계에서 가장 긴 시간에 걸친 기록
『백운화상초록불조직지심체요절』 권하	2001	세계 최초로 금속활자를 이용하여 인쇄된 기록물
『승정원일기』	2001	중국의 『중국 25사』(3,386책, 약 4,000만 자) 및 우리나라 『조선왕조실록』(888책, 5,400만 자)보다 더 방대한 세계 최대의 연대 기록물(총 3,243책, 글자 수 2억 4,250만자)
고려대장경판 및 제경판	2007	세계에서 가장 오래되고, 가장 정확하며 가장 완벽한 불교 대장경

조선왕조『의궤』	2007	장기간에 걸쳐 조선왕조의 주요 의식을 방대한 양의 그림과 글로 체계적으로 담고 있으며 이러한 유형은 동서양 전 세계적으로 유례가 없음
『동의보감』	2009	일반 민중이 쉽게 사용 가능한 의학지식을 편집한 세계 최초의 공중보건의서
『일성록日省錄』	2011	동서양의 정치 및 문화교류를 상세히 기록한 왕의 일기
1980년 인권기록유산 5·18 민주화운동 기록물	2011	광주 민주화 운동의 발발과 진압, 그리고 이후의 진상 규명과 보상 등의 과정과 관련된 방대한 자료를 포함한 문건. 한국의 인권과 민주화를 높이는데 큰 역할을 하였으며, 국제적으로는 필리핀, 태국, 베트남 등 아시아 각국의 민주화 운동에 영향을 줌
『난중일기』: 이순신 장군의 진중일기	2013	전시에 지휘관이 직접 작성한 독특한 기록물, 당시 국제전쟁으로서의 동아시아 전투상황에 대한 상세한 기록뿐만 아니라 당시의 기후나 지형, 일반 서민들의 삶을 상세히 기록한 중요한 연구자료
새마을운동 기록물	2013	빈곤퇴치, 여성인권 향상, 근대화의 모델로서 현재까지 전 세계 18개국에서 157개 사업이 진행되고 있으며 학습자료로도 활용
한국의 유교책판	2015	제작 과정부터 비용까지 자체적으로 분담하는 '공동체 출판'이라는 출판 방식은 세계에서 유례를 찾기 힘든 매우 특징적인 출판 방식, 500년 이상 지속된 유학을 바탕으로 한 '집단지성'의 결과물로서 세계적 가치를 지님

KBS특별생방송 '이산가족을 찾습니다' 기록물	2015	KBS가 1983년 6월 30일 밤 10시 15분부터 11월 14일 새벽 4시까지 진행한 단일 방송으로는 가장 긴 138일의 방송물로서 전쟁이 다시는 일어나서는 안되겠다는 교훈을 담음
조선왕실 어보와 어책	2017	조선왕실의 의장용 도장과 교서로서 1392년부터 1966년까지 570여 년이라는 장기간에 걸쳐 지속적으로 제작하여 봉헌한 사례는 한국이 유일무이함. 당대의 정치, 경제, 사회, 문화, 예술 등의 시대적 변천상을 반영하였다는 점에서 뛰어난 가치를 지닌 기록물
국채보상운동 기록물	2017	한국의 국채보상운동은 이후에 일어난 운동과 비교하여 시기적으로 가장 앞선 것으로 가장 긴 기간 동안 전 국민이 참여하는 국민적 기부운동이었다는 점에서 기념비적이며, 당시의 역사적 기록물이 유일하게 온전히 보존되어 있다는 점에서도 역사적 가치가 큰 기록물
조선통신사에 관한 기록	2017	17-19세기 한·일간 평화구축과 문화교류의 역사로서 단순히 전쟁의 재발방지를 넘어 신뢰를 기반으로 한 조선과 일본의 평화와 우호를 상징하는 기록물

(자료 출전: 유네스코한국위원회 홈페이지, 재정리)

□ 국경을 넘어 인류의 유산으로

유네스코에서는 유산을 "과거로부터 물려받은 것으로서 현재 우리가 더불어 살아가고 미래세대에 물려주어야 할 것"이라고 정의하고 있다. 유네스코 유산 인증 제도의 중요한 목적은 인류가 가지고 있는 소중한 유산을 발굴하고 이를 유네스코에 등재시킴으로써 잘 보존하여 후손에게 물려주자는 데 있다. 또한 유네스코 유산제도를 통해 인류의 문화다양성을 지키고 나아가 세계 평화에 기여하는 데 있다. 그러나 최근 세계기록유산 사업을 둘러싸고 국제적 갈등과 분쟁이 고조되는 아이러니한 상황이 벌어지고 있다. 특히 지난 2015년 이란 아부다비에서 개최된 국제자문위원회에서 중국이 신청한 '난징대학살 기록물'이 등재되면서 갈등이 더욱 증폭되었다. 일본은 '난징대학살 기록물'의 신청서가 날조되었으며, 기록물을 공개하지 않고 있다는 점에서 세계기록유산으로 부적절하다고 반발하였다. 일본 내에서는 이번 등재가 유네스코 차원에서 이루어졌기 때문에 유네스코 재정 지원을 중단해야 한다는 주장까지도 제기되었다. 기록유산제도를 처음 만들 때는 예상하지 못했던, 정치적으로 민감하거나 정치적 압력을 받는 기록물의 등재가 국제 분쟁으로 비화해 버린 것이다.

일반적으로 세계기록유산의 등재 여부를 두고, 해당 기록물에 내재된 역사적 사실에 대해 '국제적인 판결'을 하는 것으로 받아들이는 경향이 있다. 그러나 세계기록유산 국제자문위원회는 기록유산의 시비를 가리는 기관이 아니며, 기록유산의 등재가 역사적 사실의 공인을 의미하는 것도 아니다. 국제자문위원회는 해당 기록유산이 긍정적이든 부정적이든, 우리 인류에게 어떤 가치가 있는지를 판단하고 세계적인 고유한 가치를 지녔을 경우 등재를 권고하는 것이다. 따라서 국내 정치적 상황이나 외교적인 수단으로서 기록유산제도를 악용해서는 안 될 것이다.

이제 기록유산 등재에만 초점이 맞춰져 있는 현실에서 벗어나 세계기록유산 사업, 즉 '세계의 기억'의 취지를 함께 '기억'해야 할 때이다. 기록유산을 보존하고, 그 가치를 함께 나누며, 이와 더불어 지혜를 모아 제도를 개선하려는 노력이 그 어느 때보다 필요하다. 그것이 갈등과 분쟁을 넘어 우리 기록유산을 더욱 빛나게 하는 길이 아닐까 생각한다.

저자 약력

김지욱

김지욱은 경북대학교 경제학과를 졸업하고 동대학원 경제학과 석사졸업, 박사과정을 수료하였다.
(주)청구, (주)팔봉, SK텔레콤고객센터 총괄이사, 대구경북흥사단 사무처장을 거쳐, 현재는 (사)산학연구원 차이나포럼 회장, (사)국채보상운동기념사업회 전문위원으로 일하고 있으며, 국채보상운동기록물 유네스코 세계기록유산 등재 등 다양한 국채보상운동정신 세계화 사업을 총괄하고 있다.
저서로는 『우리집도 파랑새다』, 『유비쿼터스 행복』, 『빛이 된 여성』, 『나는 상하이의 따거대학생』 외에, 공저로 『컨택관리 기초』, 『한국의 세계기록유산』, 『이야기로 보는 한국의 세계기록유산』 등이 있다.

정우석

정우석은 영남대학교 사학과를 졸업하고 경북대학교 교육대학원 역사교육 석사과정을 졸업하였다.
(사)국채보상운동기념사업회 학예사/책임연구원으로 근무하고 있으며, 총 4,134건의 국채보상운동기록물 목록을 작성하고 관리·번역하는 사업 및 국채보상운동 시민아카데미 교육, 연구총서 발간, 유네스코 관련 업무, 국내외 세미나 추진, 국채보상운동기록물 디지털 아카이브 구축 사업 등을 진행하고 있다.
공저로 『인물로 보는 한국의 세계기록유산』, 『주제로 보는 한국의 세계기록유산』 등이 있다.

유네스코 세계기록유산이 된
국채보상운동

발행일	2022년 5월 16일
지은이	김지욱, 정우석 공저
펴낸이	박상욱
펴낸곳	도서출판 피서산장
등록번호	제 2022-000002 호
주소	대구시 중구 이천로 222-51
전화	070-7464-0798
팩스	053-321-9979
출판기획	이향숙
북디자인	이신희
표지디자인	(주)디센트디자인컴퍼니 김은진
메일	badakin@daum.net
ISBN	979-11-978013-3-4 03910

* 이 책은 저작권법에 의해 보호를 받는 저작물이므로, 서면을 통한 출판권자의 허락 없이 내용의 전부 혹은 일부를 사용할 수 없습니다.